ヤマケイ文庫

ドキュメント

単独行遭難

Haneda Osamu

羽根田 治

Yamakei Library

目次

＊本書は二〇一二年八月山と溪谷社から発行された『ドキュメント 単独行遭難』を文庫化したものです。

地図製作　株式会社千秋社
カバーデザイン・本文レイアウト　渡邊 怜
写真提供
羅臼岳　勝峰富雄
両神山　埼玉県警察山岳救助隊、羽根田 治
穂高岳（165ページ）　萩原浩司
その他の写真は当事者に提供していただきました。

奥秩父・唐松尾山　二〇〇八年五月

日帰りの山で

ゴールデンウィーク中の五月四日の午前五時二十分、斎藤隆（五十七歳）は日帰りで奥秩父の唐松尾山に登るため、埼玉県内の自宅を車で出発した。

登山口となる一ノ瀬高原の作場平橋駐車場に着いたのが七時半前。駐車場にはすでに十五台ぐらいの車が停まっており、そこそこの登山者が入山しているようだった。

日帰りなので、装備は必要最小限とした。ザックの中に入れたのは、上下のレインウェア、携帯電話、デジタルカメラ、多機能リストウォッチ、ナイフ、懐中電灯、折りたたみ傘、ビニールシート、ライター、マッチ、地図、コンパス、ファーストエイドキット、クマよけ鈴、着替え、防寒具（セーター）、食料（サンドイッチ、パックのご飯、サンマの缶詰、魚肉ソーセージ、飴、味付け海苔）、ポカリスエット一・五リットル、ミネラルウォーター一・五リットルなど。ウェアは、上はTシャツと長袖シャツ、下はアンダーウェアに登山用のパンツ。このほかストックも持っていた。

この年は残雪が多く、樹林の斜面には30センチほどの雪があった

作場平からヤブ沢分岐、一休坂を経て、九時二十分に笠取小屋到着。小屋からは山腹を巻く道を経由し、笠取山分岐から稜線に上がって午後一時ごろ、唐松尾山山頂に到着した。

この春、奥秩父一帯は例年になく残雪が多く、登山道沿いの斜面には、とくに笠取山分岐を過ぎたあたりからは場所によってかなりの残雪（深いところで約三十センチほど）が見られた。唐松尾山山頂周辺も豊富な残雪に覆われていた。登ってくる途中、何人かの登山者とすれ違ったが、とくに会話を交わすことはなかった。

山頂で二十分ほどの休憩をとり、午後一時二十分ごろから下山を開始した。計画では、山ノ神土《やまかみつち》から七ツ石尾根を経由し、牛王院下、中島川橋を経て作場平橋にもどるつもりだった。ところが、下りのしょっぱなで、いきなり大きなミスを犯してしまう。

唐松尾山から山ノ神土への登山道は、稜線の南側斜面の一段下についているのだが、斎藤は山頂からまっすぐ稜線をたどっていって、北斜面に延びる枝尾根に入り込んでしまったのである。

「唐松尾山にはこれまで二回登っているんですが、登山道が尾根のすぐ右側（南

唐松尾山山頂。午後1時ごろ到着した

側）に並行するようについていることをうっかり忘れていて、頂上からそのまま尾根を下る道があるものと思い込んでしまったんです。下っていく方向には小さな柵がありましたが、それが『直進してはダメ』ということを意味するものだとはそのときに気づかず、無意識的に進んでいってしまいました。完全に初歩的なミスです」

柵を越えていった樹林帯の斜面は、一帯が深さ五十センチ前後の残雪に覆われていた。トレースがないので、下るべきルートを十～十五分ほど探しまわったが、わからないまま「たぶんこっちでいいのだろう」と、あまり深く考えないで再び下りはじめた。

笠取小屋方面から山ノ神土へは、唐松尾山を経由するほぼ稜線沿いのコースと、南側の山腹を巻くコースの二つがある。唐松尾山から山ノ神土へのコースを多少間違えていても、そのまま南に下っていけばどこかで山腹の巻き道に出くわすはずだった。それがわかっていたから、それほど気にしなかったのだ。

だが、斎藤が南側の斜面を下っているものと信じて疑わなかった方向は、実は下山方向とは正反対になる唐松尾山の北側斜面であった。

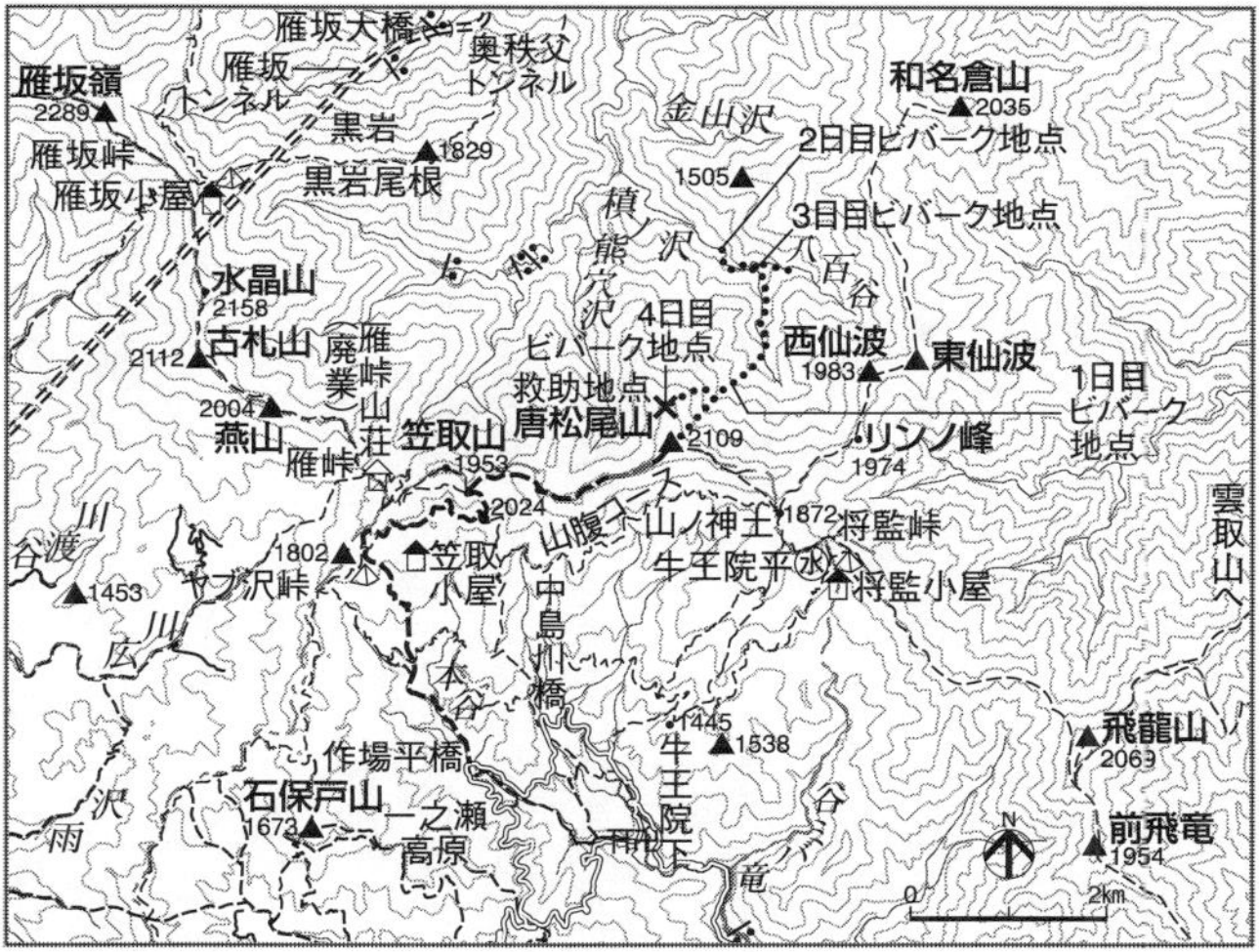

雁坂大橋
奥秩父トンネル
雁坂嶺
2289
雁坂トンネル
黒岩
1829
黒岩尾根
雁坂峠
雁坂小屋
和名倉山
2035
金山沢
2日目ビバーク地点
1505
3日目ビバーク地点
槙ノ沢
能穴沢
八百谷
水晶山
2158
古札山
2112
雁峠山荘（廃業）
4日目ビバーク地点
救助地点
唐松尾山
2109
西仙波
1983
東仙波
1日目ビバーク地点
リンノ峰
1974
2004
燕山
雁峠
笠取山
1953
2024
山腹コース
山ノ神土
1872
将監峠
牛王院平
将監小屋
雲取山へ
1453
1802
ヤブ沢峠
笠取小屋
中島川橋
本谷
1445
1538
牛王院下
作場平橋
石保戸山
1673
一之瀬高原
飛龍山
2069
前飛竜
1954
N
0
2km

当然、行けども行けども山腹の巻き道は現われない。残雪の上を彷徨《さまよ》うこと三、四時間、沢のせせらぎの音が聞こえてきたので、今度は沢を下っていくことにした。道に迷った際に沢を下ることの危険性については充分承知していたが、「なんだかおかしいな」とは思いながら、この時点ではまだ正しい方向に進んでいると確信していた。今、下っているのは南斜面の沢（御殿沢あるいは夏焼沢）の源頭部であり、いずれは巻き道に出るはずだ——そう自分自身に言い聞かせながら沢を下りはじめたが、間もなくして日没となり、その日の行動は打ち切らざるをえなくなった。

時間は午後六時三十分。腕時計に内蔵された高度計は標高一七〇〇メートルを表示していた。雪と沢の水と汗とで、頭の先から靴の中まで全身ずぶ濡れだった。ビバーク地の周辺も残雪に覆われていたので、葉がついている倒木の上に乗っかって朝を待つことにした。極力、暖をとるために、防寒具や着替え用のシャツを着込み、一部は体の下に敷き、空にしたザックをかけ布団のようにして体の上に乗せた。それでも体の震えは止まらず、満天の星の下、沢の轟音を聞きながら、ほとんど眠れないまま朝を迎えた。

沢に迷う

翌朝は、あたりが明るくなりはじめた五時半から行動を開始。なにも食料を口にしないまま、巻き道を目指してひたすら沢を下っていった。それが北面の槙《まき》ノ沢であることを、まだ斎藤は知らない。この時点でも南面の沢を下っているものとばかり思っていた。

下っていくことおよそ六時間、川幅いっぱいに水が流れ、両岸になんの足場もない箇所まで来て、とうとう前進が困難になってしまった。

ここで斎藤は初めて腕時計のコンパスをチェックした。コンパスが示している進行方向は北。南下しているものと信じ込んでいたのに実際には北上していたことにようやく気づき、急激に体中の力が抜けてきた。これまでの苦労が無駄に終わったショックは大きく、呆然とその場に座り込んだまま、何時間もそこから動かずにいた。

生まれて初めて幻覚を経験したのはこのときだ。二十～三十メートル先に人がいるのが見えたので、思わずストックを振りながら、「そこに誰かいますか?」「おーい、こっちだ！　助けてくれ」と叫んだ。人は成人のハイカー二人であったり、少年と老人であったりした。しかし、いくら叫んでもこちらに気づいてくれない。よくよく見てみると、それは老木やガレであった。

そんなことが何度かあり、併せて幻聴も聞こえてくるようになった。沢水の轟音が、人の会話や子供の声、童謡のように聞こえるのだ。耳に入ってくる音はきわめて明瞭で、童謡は歌詞が聞き取れるほどであった。

ふと我に返ると、すでに午後三時になっていた。この日はもうそれ以上行動する気にはならず、その標高一二〇〇メートル地点でビバークすることにした。暖をとるため焚き火をおこしたが、火は長続きせず、煙ばかりが出た。夜空は昨日同様に満天の星だったが、時折雨がぱらついて体を濡らした。沢水の轟音に包まれながらうとうとするうちに、三日目（五月六日）の朝がきた。

ビバーク地を出発したのが六時。元のルートにもどるべく、意を決して、下ってきた沢を遡りはじめた。四時間ほど登っていったところで見慣れない沢（八百《やお》谷）を遡行していることに気づき、「おかしいな」と思って約二時間かけて二つの沢の出合（槙ノ沢と八百谷の出合）まで引き返していった（ちなみに本人は自分の現在地を正確に把握していたわけではない。地図を見て、自分が下ってきたのは熊穴沢だとばかり思っていたという。救出後、山梨県消防防災航空隊にお礼に行ったときに、実際は槙ノ沢を下っていったことを知らされたのだった)。

出合付近まで来たときに、突如ヘリコプターの爆音が聞こえてきて、二度にわたってヘリの機体が上空に姿を現わした。そのたびに大声で叫びながら手を振ったが気づいてもらえず、すぐに見えなくなってしまった。居場所を知らせるため、その場で火をおこして煙を出し、一時間ほど待ってみたが、その日はもうヘリはやってこなかった。

あとでわかったことだが、「四日に日帰りの予定で山に行った夫がまだもどらない」と妻が警察に連絡を入れたのは、五日の昼過ぎのことであった。

実はこの山行時に、斎藤は登山計画書を提出していない。いつもだったら必ず登山計画書を作成し、それを家に残して出かけていたのだが、このときに限っては「唐松尾山に行ってくる」と口頭で伝えただけで、計画書は残してこなかった。妻は、山の名前が漢字四文字だったことは覚えていたそうだが、正確な山の名前までは覚えていなかった。

届出を受けた警察は、どの山に登ったのかわからないため、とりあえず山岳救助隊が組織されている秩父警察署に連絡を入れた。その日の夕方になって、警察官が斎藤の自宅を訪れ、パソコンをチェックしたところ、ハードディスクに登山計画書が残されていた。

これにより斎藤が唐松尾山に向かったことが判明し、秩父署から管轄の山梨県警日下部《くさかべ》警察署に情報がまわされた。早速、同署の警察官が調べたところ、作場平に停められていた斎藤の車が発見されたのだった。

捜索は翌六日から始まり、警察の救助隊員四人と民間救助隊員六人の計十人が唐松尾山を中心に捜索を行なった。山梨県の消防ヘリと埼玉県の県警ヘリも出動し、空からの捜索を展開した。しかし、陸上部隊、ヘリコプターともに手がかりは得られず、翌日の捜索に望みを託すことになった。

ヘリコプターが飛び去ったあと、出合まで引き返してきた斎藤は、やはりルートを間違っていたことを確認し、あらためて下ってきたほうの沢（槙ノ沢）へと入っていった。

ところが、出合から三段目の滝のあたりが増水のためどうしても越すことができず、諦めて再び出合まで引き返し、高台となっていた標高一三〇〇メートル地点で三回目の夜を過ごすことにした。

日帰りの予定だったため、もともと食料はあまり持っていなかった。前日までにサンドイッチとパックのご飯、味付け海苔を食べてしまったので、この日はサンマの缶詰と黒飴二、三個を食べて空腹をしのいだ。あと残っているのはソーセージ一本と飴数個だけだった。

前夜のように雨がぱらつかないのは幸いだった。これで三日連続、満天の星を眺めながら夜を過ごすことになった。

日が落ちる前には、焚き火用の枯れ枝と枯れ草を大量に集めておいた。火が燃えている間は温かかったが、消えてしまうと猛烈な寒さが襲いかかってきた。消えてはまた火をおこすことの繰り返しで、いつしか夜は明けていった。

四日間の彷徨

七日の朝も六時から行動を開始し、再度、沢を遡行していった。昨日に比べると水量は多少落ちていて、登れなかった箇所も無事突破することができた。

沢を遡っているときは、なによりも安全を最優先させ、たっぷり時間をかけて慎重にルートを選ぶことを心がけた。この日もときに幻覚が現われ、沢に転がっている無数の石のなかでも丸いものが頭蓋骨に見えたりした。

前々日にこの沢を下ってきたときには、それほど時間がかからなかったが、登りでは感覚的に倍以上の時間がかかったように思えた。

沢の源頭が近づいてきたところで、残雪が少ないと思われる右手のガレ場の斜面を登っていくことにした。初日に沢の上部を迷いながら歩いていたときは一面が雪だったので、今度は雪が少なそうなガレ場の斜面を行くことにしたのだ。

ガレ場を過ぎると、群生するシャクナゲのヤブ漕ぎが始まった。

ちょうど標高一九〇〇メートルあたりのところを登っているときだった。たまたまクマの住処の穴の前に出てしまい、突如その穴から体長一メートル弱のクマが飛び出してきた。距離はわずか三、四メートル。無我夢中でストックを頭上に掲げながら「ワーッ」と怒鳴ると、クマは一目散に逃げ出していった。

「二十六年の登山歴のなかで初めてのクマとの遭遇でした。子連れのクマじゃなかったから逃げていったのでしょう。もし子連れだったら危なかったと思います。襲われて重傷を負い、最悪、助からなかったかもしれませんね」

午後六時半、ようやく尾根上の高台に飛び出した。高度計の表示は標高二〇四〇メートル。地図を広げてみて、唐松尾山から北に派生する尾根上の小ピークにいるものと判断した。

携帯電話を取り出してスイッチをオンにしてみると、見慣れた「圏外」の表示はなく、初めてアンテナマークが立っていた。しめた、と思い、すぐに妻の携帯の番号をプッシュした。

この日、救助隊は朝五時から活動を始め、夕方五時半まで捜索を行なった。しかし、前日に引き続き空振りに終わったため、隊員らは足取りも重く、捜索活動の拠点となっていた山麓の民宿に引き上げていった。その民宿には、埼玉から駆けつけてきていた妻や義兄、会社の上司や同僚らも滞在していた。「今日も発見できなかった」という報告は、朗報を待ち続けていた彼らを失意のどん底に叩き込んだ。

そこへ飛び込んできたのが、遭難者本人からの電話だった。

「心配をかけたけど、俺は大丈夫だから」

そう妻に告げ、それを妻が周囲に伝えた瞬間、その場にいた全員が万歳三唱の声を上げたという。

妻、義兄、警察官の順に話をし、最後に「もうすぐバッテリーがなくなります。今夜もう一晩ここでビバークするので、明日、助けにきてください」と言って電話を切った。

その晩は、小ピークから十メートルほど下がったシャクナゲの群落のなかに寝床を確保して過ごした。シャクナゲの葉を無数に落としてクッションとしたが、夜の間ずっと極度に冷たい風が吹きやまず、この夜もまたうとうとしては起きることを繰り返した。

一方、斎藤の無事を確認した救助隊は、夜間の捜索を行なうことを決定し、再度現場へと向かった。通常、夜間の捜索・救助活動は行なわないのだが、会社の関係者のたっての願いで出動してくれたのだという。しかし、夜中の二時までの捜索の甲斐なく発見には至らず、いったん笠取小屋に撤収した。

シャクナゲの群落のなかで寝ていた斎藤は、突如誰かが叫ぶ声がして飛び起き、「こっちです」といった叫び声も幾度となく聞き、懐中電灯の光らしきものも見たが、例の幻覚と幻聴かと思い、また寝てしまったという。

翌五月八日の朝八時過ぎ、山梨県の消防防災航空隊の隊員から携帯に「これからヘリが出動する」という連絡があり、八時半には早くもヘリコプターがやってきた。再び電話がかかってきて「近くにある木を揺すれ」という指示があったので、そのとおりに何度も木を揺すった。間もなく場所が特定され、ヘリが頭上に来てホバリングすると、救助隊員が降下してきて四日ぶりに救助されたのだった。

通い慣れた山域での過信

斎藤が登山を始めたのは二十七年前。埼玉県内に引っ越してきたのを機に、同僚に誘われ近郊の山を歩くようになった。日帰りまたは一泊のハイキングや低山歩きを中心に、十年ほど前までは年間約二十回、近年は単独行を中心に年に二、三回の山行を行なってきたという。

そのなかでも奥多摩と奥秩父は足繁く通っている山域で、今回の事故現場となった唐松尾山にも二回登っており、周辺の土地勘も充分にあった。そうしたことが過信につながり、「自分は今、唐松尾山の南側を下っているんだ」という間違った思い込みに固執する要因になったと、斎藤自身も認める。

「遭難の要因は、ひとことで言えば過信だったと思います。この年は例年にない残雪で、山頂付近の登山道が雪で隠されていてわかりにくかったということもありますが、それにしてももっと慎重にルートを確認すべきでした」

もうひとつ斎藤が自覚した失敗は、コンパスを所持していたのに(単体のコンパスと、コンパスや高度計の付いた多機能リストウォッチを持っていた)、また当然その使い方も理解していたのに、それをまったく使用することなく道に迷ってしまったことだ。

「そのことは致命的であり、大いに反省しています」

地図とコンパスは、道に迷ってから初めて取り出したのでは遅い。本来は、道に迷う前に活用すべきアイテムであり、そのためには地図とコンパスで現在地を確認しながら行動する必要がある。それをしなかったのも、とどのつまりは過信に起因する強い思い込みがあったからにほかならないのだが。

その結果、道迷い遭難のタブーとされる沢を下っていくことになってしまった。

「下っていった沢は、瓦礫の灰色、急流や雪の白、倒木の薄茶色だけの世界で、暖色系等の色彩は皆無でした。自然のなかで、人間はまったく無力であることを痛感しました。ひとつ間違えれば、取り返しのつかない惨事となるところでした」

山中を彷徨っているときにずっと頭にあったのは、妻や母親ら家族、会社、友人のことなどだったという。ときに「もうダメかも」と弱気になることもあったが、彼らへの思いがそれを打ち消し、生きることへの希望を再燃させてくれた。

事故から半年が経過した同年十一月二日、斎藤は自分自身の目で道に迷った現場を確かめるべく再度、唐松尾山に向かった。コースは半年前と同じで、七時五十分に登山口の作場平を出発。今度は何事もなく順調に進み、午後四時十五分には無事下山した。

このとき山頂で二人の登山者と出会い、休憩しながらしばし会話をした。自分が五月にこの山で遭難した顛末を話すと、二人のうちのひとりが「実は自分も遭難したことがあるんです」と言ってきた。なんでも前年一月に雲取山の近くで遭難し、オオダワ近くの山中を二日間軽装で彷徨したそうである。どうにか自力で正しいルートにもどって下山するときに、彼はひとりの登山者と出会ったのだが、その人も山で遭難して十日間近くも彷徨い、運よく救助されたものの新聞沙汰になってしまった経験がある人だったという。

その話を聞き、かくも単独行の道迷い遭難が多いものなのかと驚いた。これからはもっと注意深く行動し、道に迷わない登山を心がけようと斎藤は思ったのだった。

北海道・羅臼岳　二〇一一年六月二十二日

バイクでの個人山行

久しぶりにとれた約三週間の長期休暇。黒田晋（仮名・三十八歳）は、その休暇を利用して北海道へバイクツーリングに行くことにした。二百五十CCのオフロードバイクで道内を回りながら、斜里岳、羅臼《らうす》岳、幌尻《ぽろしり》岳に登るつもりだった。

黒田がバイクに乗りはじめたのは三十歳を過ぎてからのことで、以降、バイクに乗って国内をあちこち旅するのが趣味となった。そのバイクツーリングの途上で富士山に登ったのが二〇〇五年。このときに「山登りっておもしろいな」と感じ、翌年、やはりバイクで富山方面に行ったついでに剱《つるぎ》岳に登ろうとした。キャンプ場からは剱岳に向かう登山道がついていて、それを見て「登ってみようかな」という気持ちになったのだという。当時はまだ登山の知識もほとんどなく、どの登山口から登ろうとしたのかも覚えていないというが、たぶん馬場島から早月尾根をたどろうとしたのだろう。

ただ、一抹の不安があったので、居合わせた登山者に「僕でも登れますかね」と聞いてみた。その登山者は、黒田の格好を一瞥し、ひとこと「やめとけ」と言ったそうだ。

この出来事を機に山の技術をしっかり学ぼうと思い、ネット上で山岳会を検索し、ヒットしたなかから東京創山会（仮名）を選んで例会を見学しにいった。そこでの親切な対応が印象に残り、また装備を買うときに会員が同行してアドバイスをしてくれたり、クライミングジムに連れていってもらったりするなど面倒見もよかったことから、同会への入会を決めた。それが二〇〇七年のことである。

東京創山会は一九六六年に設立された社会人山岳会で、会員約五十人を擁し、オールラウンドな活動を展開している。会の山行は二カ月に一回ほどの割合で企画されるが、黒田が参加できるのは年に数回ほど。これまでには苗場山から佐武流山への冬山縦走、八ヶ岳・石尊稜の冬季登攀、谷川岳での雪上訓練などの会山行に参加したが、まだ先輩会員に連れていってもらう域を出ていないという。このほか、バイクツーリングついでの個人山行を年に一回行なっており、鳥海山、久住山、阿蘇山、宮之浦岳、阿蘇山などに登ってきた。バイクでの個人山行のときはいつも単独行である。

予想以上に急な雪渓

二〇一一年六月六日、東日本大震災の影響で運休していた大洗～苫小牧間のフェリーが運航を再開した。それから間もない六月十七日の夕方、黒田はそのフェリーに愛車を積み込み、約三週間の北海道バイクツーリングに旅立った。この旅行中にもいくつかの山に登ろうと思い、斜里岳、羅臼岳、幌尻岳への登山を計画した。

翌十八日、フェリーは昼過ぎに苫小牧《とまこまい》に到着し、その日は帯広まで走ってライダーズハウスに宿泊した。翌十九日は斜里岳の登山口となっている清岳荘へ。二十日に清里コースから斜里岳を往復し、下山するとすぐに羅臼温泉に移動した。羅臼温泉に着いたときには雨が降っていたため、その日もライダーハウスに泊まった。

翌二十一日は休養日とし、ねぐらを羅臼温泉野営場に移して一日のんびりと過ごした。キャンプ場の近くにあった羅臼ビジターセンターに立ち寄ってみると、一週間前に羅臼岳に登ったというスタッフがいたので、ルートの状況や必要な装備などについていろいろ教えてもらった。その情報によると、山の上のほうには残雪がまだかなり残っているとのことだった。それを聞いてちょっと不安になり、「アイゼンは軽アイゼンしか持ってきてないんですけど、大丈夫でしょうか」と尋ねると、「軽アイゼンは前爪がないのでちょっと心配だけど、まあ行けるでしょう」と言われた。夕方、携帯電話で確認した翌日の天気は、「羅臼岳の天候は曇。降水確率は○パーセント」という予報だった。

二十二日、朝四時に起床し、ジフィーズの朝食を食べて五時にキャンプ場を出発した。

事前に山岳会に提出した計画書には、羅臼温泉から羅臼岳に登り、羅臼平を経由してこの日のうちに岩尾別温泉に下山して木下小屋に宿泊する予定を書き込んでおいた。バイクはキャンプ場に置いたままにし、翌日、バスでもどってピックアップするつもりだった。

計画を立てるにあたっての情報収集は、羅臼岳に登ったことのある会の仲間から得ることができた。コースタイム等は、昭文社の『山と高原地図』を参考にした。計画書には木下小屋到着予定時刻を午後五時半と書いたが、遅くとも五時までには着くだろうと思っていた。そこから逆算して羅臼岳の頂上に到着する時刻を午前十一時と想定し、もし十二時までに到達できなかったら登山を中断して羅臼温泉に引き返そうと思っていた。

装備は、ピッケル、軽アイゼン、雨具、スパッツ、シュラフ、シュラフカバー、ガスストーブ、燃料、コッヘル、防寒着上下、手袋、予備の靴下、地図、コンパス、ヘッドランプ（替電池含）、クマよけ鈴、ホイッスル、ロールペーパー、ツエルト、ファーストエイドキット（三角巾・滅菌ガーゼ・テーピング・消毒液等）、携帯電話、時計、登山計画書、保険証、緊急時伝令マニュアル、筆記具、携帯トイレなど。これらを四十五リットルのザックに詰め込むと、十五キロほどの重さになった。

ペースは順調で、一息峠、ハイマツ原、スズラン峠とほぼ標準コースタイムどおりに通過していった。屏風岩の下あたりからずっと雪渓が続いていたので、軽アイゼンは早い段階で装着した。雨は降っていなかったが、防寒対策としてゴアテックスの雨具のジャケットを上に羽織った。

屏風岩上部にある分岐点に到着したのが九時半ごろ。ここから右にルートをとれば羅臼平に至り、左に進めば羅臼平と羅臼岳のほぼ中間地点に出る。地図に記されているコースはこの二本のみだが、ほかにもう一本、地図にはないルートが雪渓の

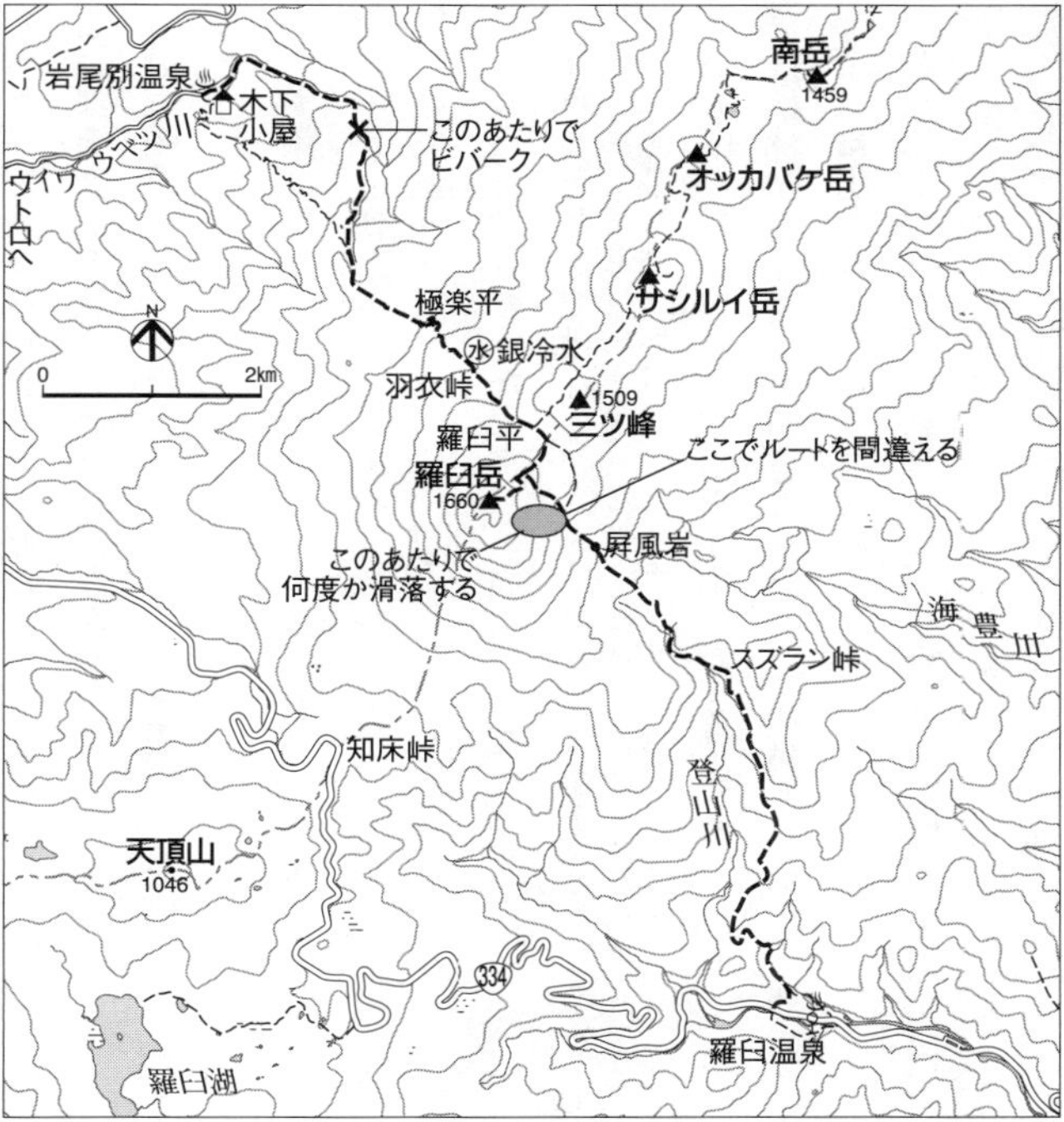
岩尾別温泉
木下小屋
ウイワウズツ川
ウトロへ
このあたりでビバーク
南岳
1459
オッカバケ岳
サシルイ岳
極楽平
銀冷水
羽衣峠
1509
三ツ峰
羅臼平
羅臼岳
1660
ここでルートを間違える
屏風岩
このあたりで何度か滑落する
海豊川
スズラン峠
知床峠
登山川
天頂山
1046
334
羅臼温泉
羅臼湖
0
2km
N

上についていた。方向から判断して、そのルートは頂上に直接向かっているように見えた。傾斜はそれほど急そうには見えなかった。

「だったら最短距離をとったほうがいいだろうと思い、直接頂上に行けそうなルートを行くことにしたんです」

ところが、実際に登りはじめてみると、雪渓の傾斜は見た目以上にきつかった。なんとか雪渓を登り切ったところで、「ほんとうにこのルートでいいのだろうか」という疑念が湧き上がってきた。

「さっきの分岐点までもどったほうがいいんじゃないのか」

そう思わなかったわけではない。だが、急な雪渓を下っていく途中で滑落するのが怖かった。ビジターセンターのスタッフが言っていた「軽アイゼンは前爪がないのでちょっと心配だけど」という言葉が思い起こされた。

行く手には松林があり、その向こうには雪渓が見えていた。迷った末、「強引に突破すれば頂上に出られるだろう」と考え、先に進むことにした。

一時間ほどかけて、ヤブ漕ぎを交えながら松林を突破し、急な雪渓を登っていった。その先にあったのは、先ほどと同じような松林とヤブであった。再度、行く手

知床峠から見た羅臼岳

を阻まれ、このまま無理して前進していっても、頂上には出られそうにないことを確信した。ここでようやく、分岐点まで引き返すことを決心した。

しかし、急勾配の雪渓の下りは、登ってくるときの何倍も神経と時間を使った。滑落しないように、一歩一歩慎重に歩を進めるのだが、軽アイゼンが効くのは靴底の真ん中の部分のみ。急斜面の下りではどうしても踵の部分で着地することになってしまい、幾度となくズルッといきそうになった。そのうち何度かは未遂に終わらず、十数メートル滑落してしまったが、ぐさぐさの軟らかい雪だったため、大事に至らずにすんだ。

最後に足を滑らせたのは、どうにかこうにか下のほうまで下りてきて、「もうそろそろ分岐点だろう」と思っていたときだった。背中から雪面に倒れ込んで滑りだした次の瞬間、体を反転させてピッケルを雪面に突き刺し、滑落停止の体勢に入った。ちょっとした滑落は過去の山行でも何度か体験していたが、問題なく止められたので、このときも「すぐに止まるだろう」と思っていた。だが、一度滑りだした体はあれよあれよという間に加速していき、止めようとしてもまったく止まらず、雪渓の上を勢いよく滑り落ちていった。

「急斜面で滑落したら最後、いくら滑落停止体勢をとっても止められないということを、身をもって体験しました」

黒田の感覚では、二百メートルぐらい滑落したような気がするという。雪渓の傾斜が落ちるにしたがいスピードが緩み、ようやく止まってみると、そこはもう屛風岩上部の分岐点であった。

運がよかったのは、長い距離を滑落しながらケガひとつ負わずにすんだことだ。動転した気を落ち着かせ、時計を見ると、すでに午後一時になっていた。なんとここで三時間半も時間をロスしてしまったことになる。

羅臼岳山頂到着の目標時間である十二時はとっくに過ぎていた。自分自身に課した取り決めに従うのなら、この時点で登頂を諦め、羅臼温泉に引き返すべきであった。しかし、いましがたの滑落によって、急な雪渓を下りていくことにすっかり怖じ気づいてしまった。

「ビビっちゃったのは間違いありません。ウトロ側に抜けたほうがまだ安全だろうと思い、稜線を越えてウトロ側に下山することに決めました。時間が時間なので、この時点では当然ピークを踏むのは諦めていました」

トレースを失い沢を下る

正規のルートとなっている雪渓を登り切り、羅臼側とウトロ側を分ける稜線には午後三時前に到着した。地図を広げてみると、羅臼岳の山頂はすぐ目と鼻の先だった。

「頂上を往復して約一時間か……」

頂上へは行かないつもりだったが、心が動いた。ここまで来たからには、やはり頂上を踏んでおきたかった。結局、その欲求には抗えず、三時半に山頂に立った。

いつしかあたりはガスに覆われていて、小雨もぱらつきはじめた。視界は二十〜三十メートルしかなく、展望は望むべくもなかった。せめて記念写真だけでもと思い、ザックのサイドポケットからデジカメを取り出そうとしたら、入れてあったはずのカメラが見当たらない。念のためザックの中も探してみたが、やはりない。思い当たることはひとつ、先ほど滑落したときに落としてしまったに違いなかった。

仕方なく写真は諦め、時間に背中を押されるように、そそくさと下山にとりかかった。

ウトロ側の登山道は羅臼側と比べるとなだらかで、順調なペースで下っていった。計画では木下小屋への到着時間を夕方の五時半と見込んでいたが、このペースなら一時間遅れの六時半ごろには下山できそうに思えた。

しばらく下っていくと、地図上に表記されている銀冷水の水場の標識が現われ、そこを過ぎると行く手に大きな雪渓が広がっていた。コースは雪渓を越えていくようにつけられていたが、ガスと雨で視界が悪く、いまひとつトレースがはっきりしなかった。雪渓が途切れるところが見えていれば、ある程度は下る方向を定められたかもしれない。しかし、それが見えず、どちらの方向に下りていけばいいのかがわからなかった。あるいは「急がなければ」という焦りもあったのかもしれない。

なんとなくトレースっぽく見える跡をたどっていったのだが、いまひとつ確信が持てない。「この方向でいいだろうか」「間違っているんじゃないか」と何度も疑いながら、歩を止めることはなかった。

やがて雪渓が終わり、枯れ沢に行き当たった。そこでようやく、「やっぱりこれは正しいルートじゃない」と確信した。

しかし、もうだいぶ下ってきてしまったので、引き返して正しいルートを探すだち、かなり疲れていて、気力も萎えていた。また、ゆっくり休んでいるだけの時間的な余裕はなかった。

地図で確認すると、どうも正しいルートから北にそれていき、イワウベツ川の源流あたりの支流に迷い込んでしまったようだった。そのイワウベツ川は、標高を下げながら左に大きくカーブし、木下小屋のすぐ下を流れている

「よし、この沢を下っていけば本流に行き当たるだろうから、木下小屋に出られるはずだ」

そう思い、このまま沢を下ることを決断した。

下っていく途中、落差二、三メートルの急な崖に数回出くわしたが、下りることに必死だったので、躊躇することなく立ち木などをつかみながら突破した。間もなく枯れ沢は雪解け水の流れる沢に行き当たり、やがてより大きな沢に合流した。

支流を合わせながら沢が大きくなっていくのはイワウベツ川に通じている証だと思え、幾分の安堵を感じた。下っているうちにいつしか雪も完全に消え、「このぶんならなんとかたどり着けそうだな」と思えるようになった。だが、その先に落とし穴があった。

携帯電話での連絡

そろそろ日暮れが迫りつつあるころ、沢の左岸に獣道のようなトラバース道がついているのが見つかり、麓が近いことが感じられた。その獣道を登っていったのだが、見通しの悪い林が続いたので、行く先がどうなっているのか偵察してみることにした。

ザックを下ろして木の根元に置き、ピッケルと携帯電話だけを持ち、五分ほどヤブを漕いで小ピークの上に立った。正規の登山道でも見えれば、と思ったのだが、残念ながら期待は外れた。ただ、そのピークは携帯電話が通じる圏内となっていた。

そこから山岳会の代表に電話をかけたのは、いま置かれている状況がちょっと不安だったからだと黒田は言う。しかし電話はつながらず、次に所轄の北海道警北見方面本部地域課に電話してみると、今度はちゃんとつながった。

救助を要請する気は毛頭なかった。あくまで指示を仰ぐつもりで、「羅臼岳で道に迷っちゃったんですけど、どうすればいいでしょうか」と尋ねた。

「木下小屋に予約は入れていなかったんですけど、登山届を提出していたので、その日のうちに小屋に着かないと、騒ぎになってしまうのではないかと心配だったんです。いずれにせよ、下山した時点で警察に下山報告の連絡は入れるつもりでした。いま考えると、自分の勝手な思い込みですよね。もしこのとき警察に電話を入れていなければ、翌朝、何事もなく無事下山していたでしょうから」

ちなみにこの日、黒田はほかの登山者にひとりとして出会っていない。木下小屋に到着しなかったとしても、そのことを心配する者は誰もいなかったはずである。

応対した警察官は、「羅臼岳の状況に詳しい署員に確認してから折り返し電話するので、いったん電話を切って待っていてくれ」と言った。このとき装備についても尋ねられたので、「ツエルトはあります」と答えた。

ところが、迂闊なことに、このやりとりをしている間に、あたりはすっかり闇に包まれてしまった。ザックを置いた場所はそこから百メートルと離れていないのだが、真っ暗で方向がわからなくなってしまったのだ。ヘッドランプはザックの中に入れたままである。勘を頼りにして引き返してみたが、どうにも見つからない。

そうしているうちに携帯電話もまた圏外になってしまい、先ほど警察と話をした小ピークも見失ったが、闇雲にヤブを漕いでいるうちになんとか電波が通じる場所に出ることができた。そこでしばらく待機していると、斜里警察署から電話がかかってきた。

「さっきまでツエルトを持っていたんだけど、なくしちゃいました」

そう伝えると、「その場を動かないようにして、朝までそこで待機していてください」と指示された。

その後、今度は山岳会の代表からの着信があった。ザックを置いた場所が見つからずにウロウロしていたときに、警察が何度か電話をかけてきたようだがつながらなかったため、会のほうに連絡が行ったらしい。会の連絡先は、入山時に提出した登山届に書いてあったので、それを警察がチェックしたようだ。

代表はすでに警察からおおよその事情を聞いていたが、あらためて現状を報告した。続いて山岳会のリーダーから電話があり、今後の対応について「俺でもいいし、警察でもいいから、定期的に連絡を入れろ」という指示を受けた。

そこは尾根上の林のなかで、ひととおりの連絡を終えると、腰を下ろして木の根元に寄りかかった。

想定外のビバークとなり、いちばん心配したのは「大騒ぎになってしまうのだろうか」ということだった。とりわけ家族には心配をかけたくなかった。できれば遭難したことを伏せておきたかったので、警察と山岳会の人には「家族には知らせないでくれ」と言っておいた。しかし、会から連絡が行ってしまい、ビバーク中に妹から電話がかかってきた。電話の向こうの声はひどく慌てた様子で、「携帯の電源は切っておくのよ」「明るくなるまでその場でじっとしていてね」などと言われた。

警察からも「使用するとき以外は携帯の電源を切っておくように」との指示があったので、そのとおりにしていた。会のリーダーと斜里警察署には二、三時間ごとに交互に連絡を入れて状況を報告した。

ビバーク中は寝たらまずいのかなと思い、眠らないようにした。六月下旬ということで寒さも厳しく、夜が明けるまでひどく長く感じた。警察には「クマが寄ってくるから、食べ物は食べるな」とも言われていたが、ザックがないので食べたくても食べられなかった。最後に食料を口にしたのは、夕方に食べた行動食のカロリーメイト。さすがに空腹を感じずにはいられなかった。

あたりが見渡せるぐらいに明るくなった朝四時ごろ、斜里警察署に電話を入れて「これからザックを探しにいく」と伝えた。警察官は「まだ動かずに、そのまま待機していたほうがいい」と言ったが、寒さに耐えられなくなり、行動を開始した。

しかし、四十分ほどあたりを探したものの見つからなかったため、開けた沢に移動し、その沢を下っていくことにした。沢幅は三メートルぐらいで、ゆるやかに水が流れていた。

下りはじめて約一時間半後の六時四十分ごろ、呆気ないほど唐突に、ひょっこりと木下小屋の裏手に飛び出した。

「まだ騒ぎになっていなければいいのだが」と祈るような気持ちで小屋の中に駆け込み、オーナーに事情を説明した。しかし、時すでに遅し。警察の救助隊員三人と遭対協の隊員三人からなる計六人の捜索隊は五時に木下小屋を出発し、すでに捜索を開始しているとのことだった。

しばらくすると駐在所の署員がやってきて事情聴取を受け、電話を通して斜里警察署の課長と部長にも事情を聴取された。さらに捜索に出ていた六人のうち二人が八時半ごろ小屋にもどってきて、あらためて話を聞かれた。残りの四人はザックの回収にあたっているという。本来、遭難者が残置したザックは回収しないのだが、ザックの中に入っている食料が羅臼岳周辺に棲息するクマを引きつけてしまう恐れがあるため、回収を決めたそうだ。そのザックはなかなか見つからず、警察官二人は途中で引き上げていき、午後一時ごろになって遭対協のメンバー二人がようやくザックを発見・回収した。

その間に黒田は警察の車で斜里警察署に行って、再度の事情聴取を受けた。木下小屋からは携帯電話がつながらなかったが、警察から山岳会や家族に「無事下山した」という連絡が行ったようだ。斜里警察署に向かう途中で携帯電話がつながったため、会に連絡を入れた。妹からは斜里警察署に着いたあと、電話がかかってきた。妹と母親は朝を待ってこちらに向かおうとしていたが、ちょうど羽田空港で出発を待っているときに警察から連絡が入り、無事下山を知らされたという。

斜里警察署で事情聴取を受けたあと、再び車で木下小屋まで送ってもらい、夕方ごろになってようやく騒動は一件落着した。小屋には回収されたザックが置かれていた。小屋のオーナーには、自力下山後、お風呂に入らせてもらったり、カップラーメンをいただいたりするなど、とても親切にしてもらったという。

その晩は木下小屋に泊まり、翌日、バスを乗り継いで羅臼温泉のキャンプ場に帰り着いた。遭難騒ぎのあと、家族からは「早く帰ってきなさい」と言われたが、予

知床五湖から見た知床半島脊梁の山並み。右端が羅臼岳

定していた幌尻岳登山こそ中止したものの、「せっかく北海道まで来たのだから」と、ほぼ計画どおり旅を続け、七月上旬に家路についた。

判断ミスと技量不足

黒田が好んでひとりで山に登るのは、やはりひとりのほうが気が楽だし、自分のペースで歩けるからだ、という。

「山岳会の仲間と行く山行は、それはそれで楽しいと思います。その一方で、性格的に人にあまり馴染めない面があるので、ほかの人に気を使わないですむ単独行のほうが好きですね。ただ、ひとりだと道迷いなどが怖いのも正直なところです」

今回の件では、その不安が的中してしまったことになる。結果的にケガひとつなく自力下山できたことは幸いだったが、警察や民間の救助隊が出動してしまった以上、遭難事故として扱われるのは仕方のないところだろう。

この遭難の要因として、黒田は状況判断の誤りと技量不足の二点を挙げた。

「屏風岩上部の分岐点から最初に道を間違ってしまったとき、雪渓の下りで『おかしいな』と思いながらどんどん下っていってしまったとき、そして時間に余裕がないのに頂上に登ってしまったときは、焦りからちゃんとした判断を下せていませんでした。とくに失敗だったのは、頂上に登るか登らないかの判断だと思います。もし頂上に登るのを諦めていたら、行程が一時間早まっていたので、それほど焦らなくてもすんだだろうし、まだガスもかかっていなかっただろうから、ルートを誤らずに下山できたかもしれません。欲をかかず、羅臼平からそのまま木下小屋に下山していればよかったんです。もうひとつの要因の技量不足というのは、雪渓で滑落してしまったことです」

また、下山途中で道に迷ってしまったあとの対応になるが、ザックを置いて移動したのも大きなミスであった。ツエルトをはじめ、ストーブ、シュラフ、シュラフカバー、ヘッドランプ、ファーストエイドキットなど、ほぼ万全といっていい装備を携行していながら、肝心なときに役に立たせることができないのなら、最初から持っていないのと同じことだ。山岳会の先輩や仲間からも「なんでザックを置いていったんだ」と言われたというが、もしこのとき天気が崩れていたら、ビバークは非常に厳しいものになっていただろうし、低体温症に陥って命を落としていた可能性も否定はできない。それを考えると、「軽率だ」という指摘も仕方のないところだろう。

黒田は言う。「自分がまだまだ未熟だということはよく自覚している。パーティを組んで山に行くと、どうしてもほかの人に頼ってしまうので、ひとりで山に行くのは自分を成長させるためでもある」のだと。

この体験を教訓に、自分の登れる範囲で今後も単独行は続けていくという。

秩父・両神山

二〇一〇年八月

ガイドブックで選んだ山

多田純一（三十歳）が山に行こうと思い立ったのは、二〇一〇年のお盆休みの八月十三日の夕刻のことだった。十五日は友人と花火大会に行く予定が入っており、翌十六日からは仕事が始まる。以前から連休中に一度はどこかの山に行きたいと考えていたが、空いているのは十四日しかなかった。

猛暑が続いていたので、どうせ行くのならそこそこ標高の高い山にと思い、ガイドブックをぱらぱらとめくってみた。それは二十年ほど前に刊行された関東圏の山のガイドブックで、若いときに山登りをしていた母親が持っていたものだった。

そのなかから両神山《りょうかみ》を選んだのは、たまたまだった。多田は言う。「時間に迫られて、深く考えずにチョイスしてしまった」と。

計画を立てるにあたっては、ガイドブックだけを参考にしたわけではなく、インターネットでも情報を収集した。二十年前のガイドブックには、白井差《しらいざす》からの登山道がメインコースとして紹介されていたが、それが廃道となっていることをネットで確認していたので、日向大谷からの往復コースをたどることにした。

ばたばたと準備を済ませ、東京都内の自宅を出たのが夜の八時過ぎ。家を出る前には、母親にガイドブックを見せて、「この山に行ってくるから」と告げた。ガイドブックに載っている頂上直下の鎖場を指し示しながら、「秩父の百名山で、こんなところもあるんだよ」というような話をした。

西武秩父線の最終電車にぎりぎり間に合い、終点の西武秩父駅には〇時前に着いた。秩父市内にはネットカフェが一軒だけあることを、出発前にインターネットで検索してあった。駅から歩いて十分ほどのその店に入り、店内のパソコンで翌朝のバスの時刻を調べてから仮眠をとった。

翌十四日の朝、始発のバスの時間に間に合うようにネットカフェを出て、駅の近くのファミリーレストランで朝食をとった。そのときにサービスで新聞の朝刊をくれたので、なにかの役に立つかもしれないと思い、ザックの中に入れておいた。

バスに乗る前にコンビニで行動食を買い、携帯から母親にメールを入れた。

〈夜中に雨がぱらついたみたい。天気は快晴ではないけど、行ってきます〉

西武秩父駅発八時二十八分のバスに乗り、小鹿野《おがの》町役場前で町営バスに乗り換え、十時前に終点の日向大谷口に着いた。ほかに若い男性ばかりの四人パーティが同じバス停で降りた。

　天気は高曇りで、時折晴れ間がのぞいていた。頂上を往復する所要時間は六時間程度と見込み、西武秩父行きの最終バスが出る午後四時三十六分までには下りてくるつもりだった。最悪、そのバスに間に合わなくても、六時十六分発の小鹿野町役場行きの最終バスに乗ればどうにかなるだろうと思っていた。

　このときの多田の服装は、頭に帽子をかぶり、ポリエステルの長袖Tシャツの上に半袖のTシャツを重ね着し、下は登山用の長ズボン、足回りはハイカットの登山靴というものだった。四十リットルのザックの中には、上下セパレートタイプの雨具、折りたたみ傘、ヘッドランプ、ホイッスル、ライター、レスキューシート、ナイフ、食料（おにぎり二つ、ナッツ、飴玉）、水一・五リットル、着替え（長袖のネルシャツ、長袖のTシャツ、入山前に着ていたTシャツ）、マフラー、手袋、母親のガイドブック、ネットで調べた情報をプリントアウトしたもの、筆記用具、ウォークマン、デジタルカメラ、新聞紙が入っていた。

　バス停をあとに車道をたどっていくと、間もなく左手に登山道入口が現われた。ここには登山届のポストが設置されているが、多田はこれを見落としてしまう。これまでの山行では、ポストがあるところでは必ず登山届を提出していたので、もし気がついていれば同様にしていただろう。そのことを、のちに多田は深く悔やむことになる。

予定を変更して沢コースへ

多田が山登りを始めたのは、一年半ほど前のことである。地元の友人に誘われ、奥秩父の金峰《きんぷ》山に登ったのがきっかけだった。

これを機に道具をそろえ、インターネットや書籍などから得た情報をもとに山登りをスタートさせた。母親がかつて山登りに親しんでいたこともあり、いろいろアドバイスを受けながら大菩薩《だいぼさつ》嶺や丹沢の山などに登りはじめた。ただ、友人とはなかなか休みが合わなかったので、山行はほとんど日帰りの単独行だった。半年ほど前からは、登山の体力づくりのためトレーニングジムに通うようになり、積極的に体を鍛えていた。

両神山への登りは快調だった。トレーニングの効果が早速、実感できた。お盆休みだというのに登山者は少なく、途中で誰にもすれ違わなかった。山頂まであとひと息というところで、バスの中でいっしょだった若者の四人パーティが下りてきた。

「早いですねえ」

「もうちょっとで山頂ですよ」

そんな会話を交わして別れ、午後一時半ごろ山頂に到着した。ここで約三十分の休憩をとり、行動食のおにぎり二つとナッツを食べた。その間に、三組の登山者——単独行の男性、男性二人のパーティ、男性二人と女性ひとりの三人パーティ——が登ってきた。

山頂をあとにしたのは二時前後。このときまでは、往路と同じコースを下山するつもりでいた。しかし、清滝小屋上部の分岐点まで下りてきたところで考えが変わった。

「山に来られる時間もなかなかとれなかったので、せっかくだから登りとは別のルートで下ってみようかと思ってしまったんです。四時台のバスに間に合うかなとも思ったんですが、さほど迷いはありませんでした」

七滝沢コースに入ってしばらくは明瞭な登山道が続いた。途中には道標もあった。分岐から約一時間弱下ったあたりで、左岸についていたルートが沢を横切ってい

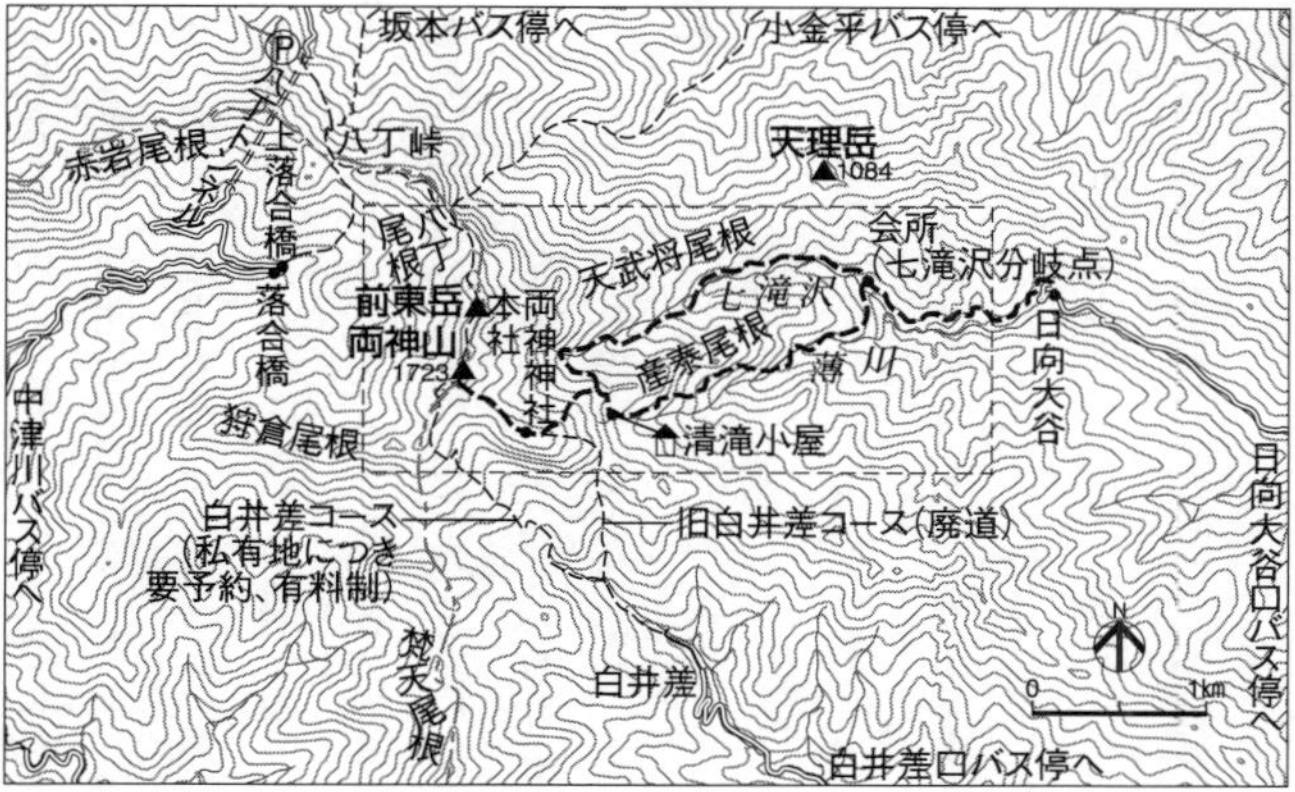
坂本バス停へ
小金平バス停へ
P
八丁峠
赤岩尾根
上落合橋
天理岳
1084
八丁尾根
天武将尾根
会所
（七滝沢分岐点）
前東岳
本社
両神神社
両神山
1723
七滝沢
産泰尾根
薄川
日向大谷
落合橋
中津川バス停へ
狩倉尾根
清滝小屋
日向大谷口バス停へ
白井差コース
（私有地につき
要予約、有料制）
旧白井差コース（廃道）
梵天尾根
白井差
白井差口バス停へ
N
0
1km

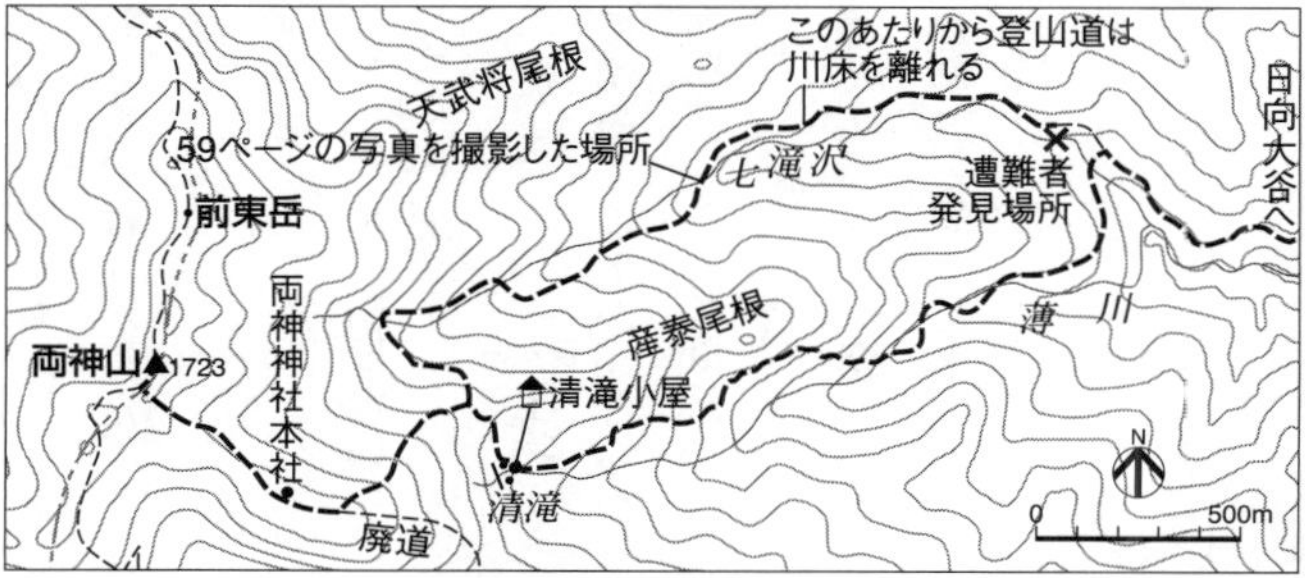
このあたりから登山道は
川床を離れる
日向大谷へ
天武将尾根
59ページの写真を撮影した場所
七滝沢
遭難者
発見場所
前東岳
両神神社本社
産泰尾根
薄川
両神山
1723
清滝小屋
清滝
廃道
N
0
500m

るように見える箇所に出た。そのときに初めて「あれ、どっちかな」と迷いが生じた。右岸に渡って周囲を観察してみたが、道らしきものはなかった。そこで再び左岸に戻り、沢沿いに下りはじめた。

ちょっと下ったところに、木の橋があった。ずっとあとになって、救助隊員や現地に精通している地元の人にその橋の話をしたら、「そんな橋はない」と否定されたが、あれは間違いなく橋だったと多田は言う。

「加工した板でつくられた橋で、表面が苔むしていました。『人工物があるじゃないか。それならこっちでいいんだろう』と思って橋の上に上がったらつるっと滑って転びそうになり、『危ない危ない』と思ったんです。なので間違いなく橋はあったはずです」

その後、道は沢から離れた。歩きながら「七滝沢コースは一般ルートではないので、あまり整備されていないところもあるのかなあ」と思ったという。

「それがほんとうに道だったのかと言われると、自信はありません」

時刻は四時前後だったような記憶がある。左岸の斜面をトラバース気味に歩いていたときに、足元がずるっと滑って体勢を崩してしまった。「あっ」と思ったとき

コース中間部で七滝沢を渡り返す地点。上は多田が、下は著者が撮影したもの

には遅かった。とっさにそばの木の枝につかまろうとしたが、勢いがついていたためつかめず、次の瞬間には斜面をごろごろと転がりはじめていた。

四十メートルの滑落

樹林帯のなかの土の斜面の上を、多田の体は横回転と縦回転を繰り返しながら、勢いよく転がり落ちていった。落ちている間はなにがなんだかわからず、「やばい、このまま死ぬかもしれない」「まだ転がるのか」といった思いが頭をよぎった。いちばん下の沢の脇まで転がり落ち、ようやく回転が止まった。滑落距離は約四十メートル。滑落している時間がずいぶん長く感じられた。

真っ先に思ったのは、「とてもまずいことになった」ということだった。次に体を起こし、どこかケガをしていないか、全身のチェックにとりかかった。大きな痛みはどこにも感じなかった。幸い頭も打っていないようだった。

次に足を動かそうとしたときに、左の足先がぶらんぶらんの状態になっているのが目に入った。

「これは間違いなく骨が折れている」

(上)多田の記憶にある苔むした橋
(下)七滝沢コースの下部。道幅が狭く、右手は深い谷になっている。上下とも著者が検証時に撮影

そう思ったとたん、突然激しい痛みが襲ってきた。その痛みに耐えながらズボンの裾をめくってみると、靴下が血で赤く染まっていた。

それを見てパニックに陥りそうになった。しかし、ここでパニックになったら取り返しのつかないことになってしまうと思い、まずは冷静になって考えなければと、自分自身に言い聞かせた。

「いちばん恐怖を感じたのがこのときでした。ふだんの生活のなかでは、『死ぬかもしれない』なんて目にはまず遭わないじゃないですか。ふつうに歳をとって、病気か老衰で死ぬのだろうという漠然としたイメージを、私も持っていました。それが、『ひょっとしたらこのまま死んじゃうかもしれないんだなあ』と思ったら、すごく怖くなったんです。死に対する、どうしようもないほどの恐怖でした」

その恐怖を懸命に抑え込んだ。周囲を見てみると、沢の対岸に平坦な場所があったので、とりあえずなんとかそこまで行くことにした。立つことはできなかったため、二本の腕と右足を使い、ザックを背負ったまま這いずるようにして移動した。

川の流れが浅かったのは幸いだったが、ふと気がつくと左手首のあたりにも裂傷を負っていた。

どうにか平らな場所までたどり着き、少し落ち着きを取りもどした。まずは左足のケガの状態を確認しなければと思い、痛みを我慢して登山靴を脱ぎ、靴下をめくってみたら、脛の下、足首の上十センチほどのところで骨が飛び出していた。あとで判明したのだが、頸骨という太いほうの骨が斜めに折れ、その先端が皮膚を突き破っていたのだった。出血はそうひどくはなかったが、ぽこっ、ぽこっと湧き出るような感じで滲み出していた。

開放骨折の応急手当ての方法がわからなかったので、前日に着ていた綿のTシャツを裂き、とりあえず傷口のところを縛っておいた。さらに止血のため、傷口の上のところを携帯灰皿のひもでぎゅっと縛った。脱いだ靴と靴下は痛みでもう履くことはできず、持っていたビニール袋を素足にかぶせて冷えを防いだ。

応急処置のあと、携帯電話で母親に電話をかけてみたが、案の定、圏外で通じず、バッテリーを温存するためにいったん電源を切った。どうもものが見えづらいなと思ったら、滑落時に眼鏡をなくしていた。ほかに帽子とコンパクトデジタルカメラもなくなっていた（デジカメは、川の中に落ちていたのを後日、救助隊が回収した。完全防水仕様のカメラだったので、データは無事だった）。

やがてあたりが暗くなってきた。近くを通りかかった登山者が気づいてくれないだろうかと思い、笛を吹いてみたり、ヘッドランプで斜面の上部を照らしてみたりしたが、無駄だった。この夏は猛暑だったが、夜はかなり冷え込んだ。体温を低下させないように、持っていたウェアはすべて着込み、その上からレスキューシートにくるまった。

タバコを吸うのでジッポのライターを持っていたが、山頂でタバコを吸おうとしたときにうまく着火せず、あとから登ってきた登山者に「火を貸してください」と言ったら、「ひとつあげますよ」と百円ライターをもらっていた。それがあったので、落ち葉をかき集め、ファミリーレストランでもらった新聞紙に着火し、小さな焚き火をおこした。暖をとるために、燃えるものは燃やしてしまおうと思い、母親のガイドブックやポケットに残っていたデジカメのケースも火にくべた。

その夜は、焚き火のそばで横になって過ごした。もちろん、ほとんど眠れなかった。

「ケガの痛みはそうとうひどかったと思います。でも、不思議なもので、時間が経つと痛みの記憶って薄らいでしまうんですよ。状況が状況だったので、痛がっている場合じゃないという気持ちも強かったんだと思います」

生き延びるための苦闘

翌十五日は、その場からほとんど動かずにいた。昨晩帰宅しなかったので、心配した親が警察に捜索願いを出してくれるだろうという期待があった。だったら動かないほうが、発見される可能性は高いはずだ。そのときまで生き延びるためにも、動かないで体力を温存するほうが懸命だと考えた。

救助を待つ間は、自分でもできるかぎりのことをしようと考え、持っていた免許証と保険証とクレジットカードをそれぞれビニール袋に入れて口を縛り、下流で誰かが発見してくれることを祈りながら沢に流した。携帯電話も三時間おきに電源を入れて連絡を試みた。また、登山者に発見してもらえるように、何度も笛を吹き、「おーい」「助けてー」と叫び、暗くなってからはヘッドランプであたりを照らしてみたりもした。しかし、何事も起きないまま、その日も日没となった。

夜、焚き火にあたりながらヘッドランプの灯りで傷の具合を確認してみると、まだ出血は止まっておらず、傷口からぽこっ、ぽこっと血が滲み出していた。これまでどれくらい出血したのか、あとどれくらい出血すると生命に危険が及ぶのか。それを考えると矢も盾もたまらなくなった。

意を決した多田は、アーミーナイフのブレードを焚き火の火であぶって熱し、思い切ってそれを傷口に押し当てた。真っ暗な山中に、多田の絶叫がこだました。出血は一度だけでは止まらず、同じことを繰り返すたびに苦痛の悲鳴が響き渡った。

「出血が心配だったので仕方なくやりましたが、ハンパな痛さではなかったです。あの痛みだけは二度と味わいたくありません」

三、四回目の処置で、ようやく出血は止まった。止血後、添え木代わりに折りたたみ傘を足にあてがい、裂いたTシャツで上下を固定したら、少しは痛みが和らいだような気がした。

この日の晩は、友人といっしょに地元の花火大会を見に行くことになっていた。かたや花火で盛り上がっていて、かたや山のなかで死にかけている。「この差はなんなんだろう」と考えると、自分のうかつさばかりが悔やまれた。

遭難三日目の十六日、ただ救助を待つことがたまらなく不安になり、前日の考えを変えて行動を起こすことに決めた。

「発見されるには、このまま動かないほうがいいのか、それとも上に登っていったほうがいいのか、ものすごく葛藤がありました。でも最終的に、まだ体力があるうちにトライすることにしました」

登りはじめる前に、ナイフで木の枝をはらい、杖をつくった。左足は地面に着くことができないので、膝を曲げた状態にして、持っていたマフラーで首から吊るようにした。

左足の登山靴と靴下以外の装備はすべて持ち、杖と右足と腕を使って再び沢を渡り返し、滑落した斜面に取り付いた。時刻は朝の九時ごろ。登り出しの高さ一・五メートルほどの急な岩場をなんとか越すと、土の斜面になった。その斜面を、這いつくばるようにして登っていった。ちょっと気を抜くとずり落ちそうになるので、木の根っこをストッパーにしながら木から木へと這い登り、少しずつ高度を稼いでいった。

三時間ほど登り続けると、沢は見えなくなっていた。ところが、その先で岩場に突き当たった。右足一本だけではどうやったって登れそうになく、かといって今さら下りるに下りられなかった。そこで完全に進退窮まってしまった。転げ落ちないように右足を木の根元に引っ掛け、なにもできないまま木にしがみついているしかなかった。

お盆休みは昨日で終わり、今日から会社が始まっていた。休み前にやり残していた仕事がいくつかあり、そのことが気になった。「あの仕事はどうなったかな」「しまってある書類を見つけてくれただろうか」などと考えているうちに、またもや夜がやってきた。

やがてポツポツと雨が落ちてきたかと思うと、間もなくバケツを引っくり返したような豪雨となった。雷も凄《すさ》まじく、雷鳴が轟《とどろ》くたびに身がすくんだ。

雷雨のあと、足の傷の状態が気になって縛っていた布切れを外してみると、傷口に蠢《うごめ》く無数のウジ虫がヘッドランプの灯りに浮かび上がった。ぎょっとしてペットボトルの水で洗い流そうとしたが、飲む水がなくなってしまうので思いとどまった。仕方なく手で払い落とした。

翌十七日、なんとか岩場を突破できないものかとあれこれ試してみたが、どうしても越えることができず、その場で身動きできないまま一日が過ぎていった。この日のうちにペットボトルの水はすべてなくなってしまった。喉の乾きに耐えられなくなると、前日の雨で濡れていた岩場にフリースのマフラーを張り付けて水を染み込ませ、それを絞って飲んだ。岩場の水が吸い取れなくなると、地面の泥水をすすった。

残っている食料は飴玉が一、二個。なにか食べなければと思い、地面を歩いている蟻をつまんでは口に入れた。ミミズも食べたし、コケもむしって食べてみた。ほかに食べられそうなものはなかった。もちろんおいしいはずもなく、なんの栄養にもなっていないだろうと思い、それ以降は食べることを諦めた。

遭難五日目（十八日）には、極限の喉の渇きを覚えるようになっていた。ペットボトルに溜めてあった尿も飲んだ。とにかく水がないのが致命的だった。逡巡している場合ではなく、滑落するのを覚悟で斜面を下りはじめ、午後までかかってなんとか沢まで下り着いた。着いたとたん、沢の水をがぶがぶと飲んだ。

そこは最初に転げ落ちた場所よりも、もうちょっと下流のほうだった。横になれるスペースを見つけると、そこに居場所を落ち着けた。この日に飴玉も全部なくなった。

わからない足取り

秩父の百名山に日帰りで行った息子が夜になっても帰ってこない――多田の母親から警察にそう届け出があったのは、八月十五日の午前一時二十五分のことである。多田は出発前に登る山の名前を母親に告げていたが、母親はそれを覚えておらず、また登山計画書も提出されていなかった。ただ、出発前にガイドブックを見せられながら「鎖場のある秩父の百名山に行くんだよ」と説明を受けたことは覚えていた。

登った山を最初からはっきり特定できたわけではなかった。が、「秩父の百名山」「日帰り」「鎖場」、この三つのキーワードに加えて、電車やバスなどの公共交通機関を利用して入山しているはずだということがヒントになった。秩父には雲取山、両神山、甲武信《こぶし》ヶ岳、金峰山と四つの百名山があるが、そのなかでこれらの条件を満たすのは両神山しかなく、埼玉県警山岳救助隊は十五日の朝から二十五人の隊員を招集して捜索を開始した。

だが、問題は多田がどのコースをたどったか、だった。警察の捜索により、秩父市内のネットカフェに前夜零時過ぎに入店し、翌朝早く店を出ていたことはわかったが、その先の足取りがつかめなかった。

秩父市内からバスを利用しているのなら、いちばんポピューラーな日向大谷から入山していると考えるのが最も自然である。ただ、多田が携行していたガイドブックは、かつて山登りをやっていた母親が二十年前に買い求めたもので、それに紹介されているのは、現在廃道になっている旧白井差コースだった（今は旧コースとは異なる白井差新道が整備されている）。また、出発前の段階で、白井差コースをチェックした形跡も残っていた。

「そうしたらやっぱり白井差コースだろうということになってしまいます。古いガイドブックを見て行ってみたら、廃道になっていて遭難してしまったという推測です」（埼玉県警山岳救助隊副隊長・飯田雅彦）

一方で、落合橋からのコースもチェックしていた形跡もあったことから、八丁尾根をたどっているのでは、という見方もできた。

「山頂から八丁尾根を坂本バス停へ下っていこうとして、連続する鎖場で滑落している可能性も高いわけです。かといって、日向大谷からのコースも捨てられません

し」（埼玉県警山岳救助隊副隊長・平山直人）

多田がたどったコースについては、救助隊員の間でも意見が分かれたという。持っていたガイドブックが二十年前のものだったこと、そして「鎖場がある山に行く」と母親に伝えていたことが謎掛けとなり、結果的にそれが混乱を招くことになってしまった。

もし、日向大谷から両神山に登ったことが明白であったなら、おそらくもっと早い段階で見つかっていたはずである。だが、そのいちばん肝心なことが抜け落ちていた。

捜索は結局、両神山山頂を中心に、日向大谷、坂本、中津川の三つのバス停を結んだ広範囲なエリアに及ぶことになった。

捜索を開始して最初の三日間は、滑落した痕跡を探しながら、三つのバス停と山頂を結んだメインのコースをくまなくたどっていった。そのなかにはもちろん七滝沢コースも含まれており、登山道から見える範囲で沢筋も捜索した。

だが、滑落した地点は谷が深くなっており、また捜索時には多田が斜面に取り付いていたときだと思われ、タイミング悪く発見には至らなかった。

メインコースの捜索で発見できないとなると、登山者が少ないコース、まず入り込むことはないだろうと思われる難路にまで捜索の範囲を広げた。しかし、一週間が経過しても遭難者の手がかり・痕跡はなにひとつ見つからない。

両神山で行方不明になった登山者は、これまでのケースならだいたい三日以内、長くてもせいぜい五日のうちに発見できていたという。しかし、今回は小鹿野警察署と秩父警察署の隊員が合同で一週間しらみつぶしに捜索しても発見できず、その後は規模を縮小して小鹿野署が継続して捜索にあたった。

山での遭難事故で行方不明者を捜索する場合、長くて一週間ほど捜して見つからなければ、通常は捜索が打ち切られてしまう。だが、このケースでは捜索は打ち切られなかった。平山がこう言う。

「両神山での遭難者は、捜せば必ず出てくるという信念です。それが見つからないのはおかしいから、捜索の形態を変えて、いろんなところをこまめに捜索しました」

警察の救助隊が捜索を継続する一方、多田の家族は自分たちでビラをつくり、駅やバス停や登山口などに貼って情報提供を求めるとともに、西武秩父駅周辺で聞き込み調査を行なった。その結果、遭難者はネットカフェを出たあと、近くのファミリーレストランで朝食をとっていることが判明したものの、その後の足取りは依然不明のままだった。

山中での捜索に関して、家族は「すべてお任せします」と救助隊に全幅の信頼を置いていたようである。が、一週間以上が経過しても発見に至らず、その胸中はいかようだったか。捜索が長期化する様相を呈してきたときの家族の苦悩は、救助隊員らも見ていて辛かったようである。

死を考える

遭難六日目から十日目までは、その場から動かず、ただ横になっているだけだった。下は砂利だったのでザックを敷いていたが、それでも砂利が当たって痛かった。

朝方になると冷たい風が吹き下ろしてきて、いかんともしがたいぐらい寒かった。その冷たい風をどうにか遮ろうと思い、折りたたみ傘の柄の部分を根元近くから折って添え木として使い、傘の部分は岩の隙間にはめ込んで風よけとした。

横になっていた場所には、日中のほんのわずかな時間だけ日が差し込んできた。

その時間帯を見計らって濡れたシャツなどを干そうと思うのだが、体は言うことをきかなくなっていた。日が当たってくると、とたんに眠気が襲ってきて寝入ってしまい、ハッと目が覚めるともう日が陰っていた。

六日目ごろからズボンを下ろして用を足すこともできなくなり、垂れ流し状態となっていた。当然、不快なので、一度だけ沢に浸かって汚れを洗い落としたのだが、あまりに水が冷たく、二度と沢に入る気にはなれなかった。

左足は真っ白になり、パンパンに腫れあがっていた。ウジ虫はいなくならず、ハエもたかってきていたが、それを追い払う力さえなかった。傷にはビニール袋をかぶせて縛ってあったが、一週間を過ぎたころから腐乱臭が漂いはじめた。その臭いは今でも鼻にこびりついたまま消えていない。左足がもう元の状態にもどらないことは、覚悟するしかなかった。

左の手のひらの裂傷も、地面に手をつくことができないほど悪化していた。肘をついて上体を起こすのがやっとの状態で、肘にあてていた保護用の布はボロボロになっていた。

長い一日のなかで、覚醒している時間とまどろんでいる時間が短いスパンで交互に繰り返された。うとうとしているときには夢も見た。会社の同期が元気になる薬を持ってきてくれる夢、宇宙人にさらわれてケガを治してくれる夢など、意外とポジティブな夢が多かった。助かりたいという願望が夢に現われたのだろう。だが、目が覚めると沢の音が聞こえ、山の緑が目に飛び込んできて、否応なく現実に引き戻された。

幻覚は見なかったが、幻聴は体験した。沢の音がヘリコプターの音のように聞こえてきて、ヘッドランプを上空に向けたり、笛を吹いたりしたことが何度かあった。

それは十日目の夜のことだった。横になってまどろんでいるときに、突如、頭から水を浴びせかけられた。何事かと思って見てみると、知らぬ間に沢の水が濁流と化して目の前まで迫っていた。上流で雨が降り、沢が増水したのだった。「これはヤバい」と思い、水のこないところまでなんとか這いつくばって登っていった。「それまではほとんど動けなかったのに、ああいうときは力が出るもんなんですね。あれが火事場のバカ力っていうんでしょう」

どうにか水流からは逃れられたものの、ザックをはじめほとんどの装備が流されてしまった。外して置いてあった腕時計も流されたので、この日以降、日にちの感

(上)遭難者のザックを発見
(下)多田を発見したときの
状況を現場検証で再現

覚もあやふやになってしまった。辛うじて残っていたものは、笛と傘、それに寒さよけとしてマントのように羽織っていたレジャーシートだけだった。

遭難してしばらくは、「こんなところで死んでたまるか。なんとしてでも生き延びてやる」という思いが強かった。歳はまだ三十歳。やりたいことはいっぱいあった。絶対に生きて帰って、やりたいことをやってやると思っていた。それが生きる原動力になっていたことは、間違いない。

だが、一週間が過ぎたあたりから、「このまま発見されないで死んでしまうのも仕方ないのかな」と思うようになった。だったらデジカメのムービーに家族へのメッセージを残しておこうとしたのだが、滑落したときにデジカメを紛失していたことにはたと気づいた。ならば携帯の動画だ、と思ったのだが、これもバッテリーが切れていた。結局、メッセージは残せなかった。

増水に流されそうになった十日目以降は、ほとんど体の自由もきかなくなり、苦しさのほうが先に立つようになっていた。いっそ死んだほうが楽なのではないかという気がして、自分で命を絶つことができるのだろうかと何度か考えた。だが、舌を噛み切ることなんてとてもできそうになかったし、目の前の沢に身を投げること

遭難者をレスキューシートで保温する

応援の隊員が合流し、搬送準備を進める

もためらわれた。

「要は死ぬ勇気がなかっただけなんですけど、それが幸いしました。これだけの状況であっても、自ら命を絶つことは簡単にできることではないと思います」

もうそろそろダメだろうと覚悟を決めても、翌朝になると必ず目が覚めていて、「意外と死なないものなんだなあ」と思った。

「だったら目覚めなくなるまでは、がんばって生きてやろうと思えるようになりました」

遭難している間、ずっと思い続けていたのは家族と恋人のことだった。考える時間はあり余るほどあった。年配の両親や二人の姉、そして恋人にこんな心配をかけている自分が不甲斐なく、申し訳ない気持ちでいっぱいだった。もしこのまま死んでしまったら、家族や恋人をひどく悲しませてしまうことになる。それを考えるとたまらなくなり、両親に対して「お父さん、お母さん、心配をかけて申し訳ありません。先立つ親不孝な息子を許してください」と、彼女に対しては「僕のことは忘れて幸せになってください」と、山に向かって大声で叫んだ。

生存だぞ！

遭難から二週間近くが経過しようとしても、多田は発見できなかった。これだけ捜しても出てこないとなったときに、平山にはどうしても気にかかる箇所がひとつあった。八丁尾根から東へ派生して天理岳へ続く天武将尾根である。この尾根は道が不明瞭なバリエーションルートで、一般登山者が入り込むことはほとんどない。ここを小鹿野署の二隊員が捜索することになり、八月二十七日、日向大谷から七滝沢コース経由で入山していった。

「七滝沢コースはいちばん最初に捜索していたけど、ほかをいくら捜しても出てこないので、なんとなく気にはなっていました。で、天理岳に行くついでに、もう一度、七滝沢をつぶしておくかということになったんです」（平山）

二人がザックを発見したのは、登山道を離れて七滝沢を遡行していたときだった。場所は会所のすぐ上流部で、時間は午後三時前後。このザックは遭難者のものに違いないだろうと、ひとりが写真を撮影していると、先行してさらに沢を詰めていた隊員から「いたぞ」という声が上がった。

多田は、沢の流れのすぐ横にある岩の上で仰向けになっていた。衣服は泥まみれで、レジャーシートをマントのようにして羽織っていて、頭上に折りたたみ傘を広げて横たわっていた。遭難後十四日間が経っており、また、近づいていくと死臭がしたので「ダメだろう」と思ったが、「おーい」という呼びかけに反応を見せた。そばに行くと呼吸が確認でき、名前を尋ねると答えが返ってきた。ひとりが「生存だぞ」と言うと、もうひとりの隊員は思わず「よし!」と声を出していた。

すぐそばから人の声が聞こえたような気がした。「おーい」だったか、「多田さんですか」だったのか、よく覚えていない。遭難して十四日目の午後三時過ぎ、意識が朦朧《もうろう》とした状態で、レジャーシートを羽織って寝そべっていたときだった。

「人の声が聞こえる」と思ってうっすらと目を開けたが、「どうせまた助かる夢を見たんだろう」と思ってすぐに閉じてしまった。すると再び声がした。

「多田さんですか。大丈夫ですか」

もう一度目を開けてみると、すぐ目の前に二人の男の人が立っていた。ずっと捜索を続けていた埼玉県警の救助隊員が、多田を発見した瞬間だった。

見る間に増水する沢で懸命の救助作業が行なわれた

間一髪、ストレッチャーを斜面に引き上げる

「なんで目の前に人がいるんだろう」とびっくりし、思わず「これは現実ですか」と尋ねると、相手は「もう大丈夫ですよ」と言った。それを確かめるために「手を握ってもらえますか」と言って、差し出してきた相手の手を握りしめた。

人の体のぬくもりが手を通して伝わってくると、感極まって涙がこぼれ落ちた。

「そのときの気持ちは、言葉では言い表わせません。嬉しさや感謝の気持ちを通り越した感覚でした。これからもまだ生きていられるんだと思って、しばらくは涙を流し続けていました」

発見されたあと、隊員がスポーツドリンクを飲ませてくれた。一口飲んだとたん、エネルギーが全身に勢いよく行き渡っていくのがわかった。今後の人生で、これほど美味しいと感じられるものを口にできることはもうないだろうと思った。

増水のなか、間一髪の救助

二人の隊員はただちにピックアップのためのヘリコプターを要請するとともに、現場でそのための準備にとりかかった。「遭難者を発見した」という連絡を受け、地上からも応援の隊員が続々と現場に向かいはじめた。

ところが、ぽつぽつと降りだしていた雨は、ヘリが現場上空に入ったころには土砂降りとなっており、風も出はじめていた。発煙筒の発光紅炎により現場は特定できたものの、どうしてもそこへ進入できず、ヘリでのピックアップは諦めて、地上班が人海戦術で救助することになった。

しばらくして応援の隊員二人が現場に到着し、遭難者をレスキューシートで覆い、ストレッチャーに乗せ、斜面にザイルを張った。だが、その間に異変が始まっていた。つい先ほどまでは透き通っていた沢の水が、みるみるうちに濁ってきたのである。

「増水するスピードはあっという間でした。『あれ、水が濁りはじめたよ。ちょっとヤバくない？』と言っている間に水かさが増し、ものの十分もたたないうちに濁流となってしまいました」（埼玉県警山岳救助隊員・工藤健一）

最初は遭難者をストレッチャーに乗せて沢沿いに下ろすつもりだったのが、増水しはじめたため、対岸の高い位置に移してから運ぼうということになった。ところが瞬く間に水かさが増して対岸に渡れなくなり、その場から斜面を上に引っ張り上げるしか選択肢がなくなってしまった。「とにかく吊り上げろ」という怒号が飛び交うなかで、四人の隊員は慌ててばたばたと吊り上げ作業にとりかかった。

そうしている間に三人の応援隊員が到着したので、遭難者には痛みを我慢しても
らい、合計七人で遭難者をごぼう抜きのようにして斜面の上まで引っ張り上げた。

「隊員のザックもぷかぷか浮いていたので、慌てて回収しました。ああいう体験は初めてでした。『ここまでなるのか』って思いました」(工藤)

「昔から『沢が濁ってきたらすぐ上に上がれ』といわれていますが、やっぱりほんとうのことなんですね。まだ登れる箇所があったからよかったけど、ゴルジュのなかだったりしたら、万事休すだったでしょう」(埼玉県警山岳救助隊員・伊瀬谷竜司)

どうにか難を逃れることができた多田が、ストレッチャーに乗せられたまま下を見てみると、先ほどまで自分たちがいたところが完全に水没していた。

「ほんとうに間一髪でした。もう逃げる力は残っていなかったと思うので、もし発見が少しでも遅かったら、流されていたでしょう。ラッキーだったとしか思えません」

まさにギリギリのタイミングでの救助だった。

多田が発見された場所は、会所という登山道の分岐点から七滝沢を少し遡っていったところだった。危機を脱したあと、会所までは沢筋の斜面をトラバースするようにして運ばれ、会所からはストレッチャーを手持ちに変えて日向大谷へと搬送された。

登山口まで来たところで、隊員のひとりが声をかけてきた。

「多田さん、ここに登山届のポストがあるんだよ」

「えっ、ここにポストがあったんですか」

「これに気づいて登山届を提出していれば、もっと早く助かっただろうになあ」

左足切断の危機

日向大谷には救急車が待ち構えていて、多田を乗せるととりあえず秩父市立病院に向かった。そこで応急処置が施されたのち埼玉医科大学へと搬送され、すぐに集中治療室に入れられた。その翌日に緊急オペが行なわれ、腐った頸骨を十センチ切除し、肉をそぎ落とした。

「いまお話しするのは酷ですが、左足はもう切断しなければならないと思います」

秩父市立病院で応急処置を受けたときに、すでにそう言われていた。救助される前から左足のことは諦めていたので、それはもう仕方のないことだと思っていた。

ところが、埼玉医科大学で二回目のオペを終えたあと、ドクターがこう言った。

「左足を切断せずに残せる可能性があります。ただし、そのためにはこれから数回の手術が必要ですし、仮にうまくいったとしても将来的にリスクは残るかもしれません」

悩んだ末、多田は自分の足を残すための手術を選ぶ。開放骨折を二週間放置していた足を、切断せずにそのまま残すことは、世界でも類を見ないケースだったが、手術はもののみごとに成功した。重度の褥瘡《じょくそう》（床ずれ）や左手の裂傷、肝臓や腎臓へのダメージなども、入院中に徐々に回復していった。

三カ月以上に及ぶ入院生活を終えたのは、十二月八日のことだった。退院するときに、ドクターが冗談めかしてこう尋ねてきた。

「多田さん、あとどれくらい山で耐えられた？　僕はあと二日がいいところじゃなかったかなあって思うんだけど」

たとえ沢の増水に巻き込まれなかったとしても、それくらいが限度だっただろうと多田も思う。

この事故を通して多田がつくづく感じたのは〝生きていることのありがたみ〟だ。

「楽しいことも辛いことも、生きていればこそ感じられるものです、それがわかっただけでも、この遭難の経験は悪いことだけではなかったと感じています。だからといって、二度とこんな経験はしたくはないですけどね」

もうひとつ痛感したのは、自然のなかにぽんと放り込まれたときの人間の無力さである。私たちの日常の生活は、科学や技術、なによりも家族や友人などに支えられて成り立っている。それを当たり前のように思っていたが、実は当たり前ではないのだということを、山のなかで嫌というほど思い知らされた。今、あらためて思う。人はいろいろなものに守られて、やっと生きていけるものなのだということを。

「私が発見されたとき、家族や友人や恋人は涙を流して喜んでくれました。それがいちばん嬉しかったですね。私という人間を心配してくれて、助かったことを喜んでくれる人がいるというのはほんとうにありがたいと思いました。とくに家族には、ほんとうに辛い思いをさせてしまいました。行方不明になって十日目を過ぎたあたりから、両親には半分諦めも生じていたと聞きました。それでも亡骸を見るまでは納得できないので、たとえ捜索が打ち切られても、『骨だけは見つけないとね』という話をしていたそうです。無償の愛情は、家族だからこそだと思います」

退院後、秩父署と小鹿野署に挨拶に行った多田を、救助隊員らは驚きをもって迎えた。現場で実際に傷を見ている隊員はみな、左足の切断は免れないと思っていたからだ。小鹿野署で捜索の指揮をとった平山が、こう声をかけた。

「これからが大変ですよ。がんばってくださいね」

「それは仕方ないことです。生きているから辛い思いができるんです」

「体がもとにもどったら、また両神山に来てください。そのときはわれわれが案内しますから」

人生が変わるほどの壮絶な体験をした山ではあるが、それもありかな、と多田は思っている。

骨と筋肉と皮膚を移植した多田の左足は、一年後には固定器具も取れ、その後、仕事にも完全復帰した。今では事故前と変わらない生活を送れるようになっている。

《追記》

この事故からほぼ一年後の二〇一一年九月上旬、私（著者）は多田と同じコースを単独で歩いてみた。登山道は七滝沢コース分岐から山腹を巻くようにつけられており、七滝沢の上流で対岸（左岸）に渡ってからは沢沿いに急下降していく。養老の滝・霧降の滝を過ぎ、右岸に渡り返してさらに下るにつれ、道の傾斜は徐々に緩やかになってくる。

七滝沢コースは、ガイドブックや登山地図によっては難路と表記されており、たしかに清滝小屋経由のコースと比べると道幅が狭く、あまり登山者に踏まれていないような気がした。しかし、真新しそうな鎖や道標、赤布などもところどころに設けられており、難路といわれるわりにはしっかり整備されている印象を受けたのも事実だ。

ただ一カ所、途中で登山道がぷっつり途切れているところがあり、危うく道に迷いそうになった。「おかしいな」と思いながら二十分ほどあたりを行ったり来たりしたのだが、どうしてもわからない。ここで道に迷ってしまったらシャレにならないので、最悪、コースの分岐まで登り返して往路を下りるしかないかと思いながらヤブを漕いでいたら、下方に道らしきものが見えた。そこへ下りてみると、やはり道である。

その道の上のほうには、最近倒れたらしい木がちょうど道を塞ぐような形で横たわっていた。つまり、倒れた木が道を覆い隠していたため、道が突然途切れているように見えたのだった。

さらに下っていくと、コースのほぼ中間点あたりで再び七滝沢を左岸に渡り返す。そのときに「あれ？」となにかが引っ掛かった。沢の上流方面がどこかで見たような景色だったので、もしかしたらと思い、写真を撮っておいた。

ここから道は沢床とほぼ同じ高さにつけられており、間もなく苔むした丸木の橋に差しかかった。多田が「苔むした木の橋があった」と言っていたのを思い出し、この橋の写真も撮っておく。

「日向大谷2・8ＫＭ」の看板が現われるあたりから道は川床を離れ、高い箇所をトラバースするように進むようになる。多田は「橋を過ぎたあと、道は沢から離れた」と言っていたが、その記憶どおりの道のようにも思える。道幅は狭く、うっかり滑落すると、下の沢までかなりの距離を転げ落ちることになる。

道はずっと七滝沢の左岸につけられており、ひたすらこれをたどっていくとやがて会所に出る。道はずっと一本道で、途中に迷いやすい箇所はないように思えた。会所からは往路と同じ道をたどり、無事、日向大谷にたどり着いた。

帰宅したのち、多田から借りていた写真と自分で写した写真を見比べてみると、思ったとおり同じ景色を写したものだった。また、苔むした橋の写真を送って確認してもらったところ、「見覚えがある橋です」との返事が返ってきた（救助関係者らが多田に「七滝沢コースにそんな橋はない」と言った理由は不明である）。

これらのことから想像するに、多田は道に迷っておらず、ちゃんと正規のルートをたどってきたものと思われる。そして高い箇所をトラバースするあたりの道幅の狭いところで足を踏み外し、滑落してしまったのではないだろうか。発見場所から推測しても（左足の開放骨折という重傷を負っていたため、滑落場所からそれほど移動していないはず）、そう考えるのが妥当なような気がした。

ただし、コースの状況と多田の証言は一部で食い違っている。とくに「分岐から約一時間弱下ったあたりで、左岸についていたルートが沢を横切っているように見える箇所に出た。そのときに初めて『あれ、どっちかな』と迷いが生じた。右岸に渡って周囲を観察してみたが、道らしきものはなかった。そこで再び左岸に戻り、沢沿いに下りはじめた」という証言に該当すると思われる場所はなかった。

この矛盾については、正直わからない。多田の記憶違いである可能性もあるし、私がなにかを見落としたのかもしれない。そのことを最後に付け加えておく。

北アルプス・徳本峠　二〇〇七年八月

通行止めの登山道

二〇〇七年八月十五日、私は島々谷《しましま》から徳本峠《とくごう》を目指して歩いていた。ウォルター・ウェストン（日本アルプスを世界に紹介したイギリス人宣教師。〝日本近代登山の父〟と呼ばれている）が通った道をひとりで歩きながら、槍・穂高連峰を眺めようと思ったのだ。

予定は、一日目に岩魚留《いわなどめ》小屋に泊まり、二日目は徳本峠を経て上高地に下山するというものだった。ただ、徳本峠小屋には泊まってみたかったので、場合によっては二泊三日になってもいいかなと思っていた。そのへんは状況を見て判断するつもりだった。

東京を発ったのはその日の朝。新宿七時発の「あずさ」で松本に着き、生まれて初めて乗る松本電鉄で新島々まで来て、タクシーで島々谷の登山口まで連れていってもらった。いつもだったら車で入山するのだが、今回ばかりは昔と同じオーソドックスな方法でルートをたどってみたかった。新島々には上高地へのバスを待つ人が大勢いたのが、少し意外なような気がした。

登山道の入り口には、通行止めになっているところが二カ所あるという注意書きがあった。昨年の台風による橋の流出などで、このコースがまだ入山禁止になっていることは事前にわかっていた。しかし、いろいろな情報を集めて検討してみたところ、なんとかなりそうだという感触を持った。沢登りだと思えば、どうということはない。橋を渡れなければ、徒渉すればいいのだ。だから沢登りの道具はひととおり持っていた。そのほかツエルトやストーブ、コッヘル、食料、シュラフカバー、雨具、ファーストエイドキットなどを含め、ザックの重さは十二、三キロといったところか。

できれば新島々か登山道入り口で登山届を出しておきたかったが、どちらにも登山届用のポストがなく、出すことはできなかった。

登山口を出発したのが午前十一時前。この先の二俣までは、地元で砂防ダムの反対活動を行なっている方の案内で、二年前の三月に歩いている道だ。谷の様子はある程度わかっていた。

歩きだしてすぐ、以前は気づかなかった金精様を祀っている山の神のお社があり、入山の無事を願ってお詣りする。道は、二年前に比べて人が通っていない感じが強い。なによりも車が入っていないことがよくわかる。

三十分ほど歩いていったところで、黒いラブラドール・レトリーバーを連れて散歩している人と会う。登山道の状況を尋ねてみると、台風で流された「行き橋」の場所には仮設の橋が架かっているという。その先で、また別の地元の人と会った。同様に話を聞いてみて、道はなんとか通れそうだという確信を強める。

それにしても、なんと雰囲気のいい、緑濃い道なのだろう。前回ここを歩いたときは、砂防工事で傷めつけられた無残な跡がそこかしこに見られたのに。自然の回復力のすごさに、少し感心してしまう。

途中、前年の台風により林道が大きく崩壊しているところがあった。本来、二俣までは車が入れるのだが、これではとても車は通れない（人は問題なく通れる）。この箇所が、入山禁止になっているいちばん大きな理由なのだろうと思わせる、道幅いっぱいの崩落だった。

二俣には約二時間で着いた。左に曲がって南沢に入ると、これまでと違って沢の音が大きく聞こえるようになる。発電所などで水を取られていない本来の姿の谷は、やはりいいものだ。

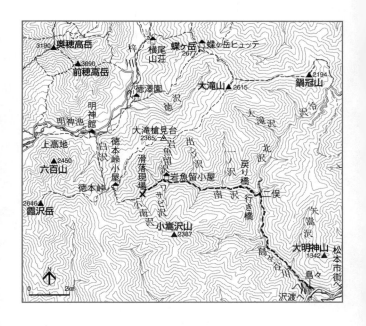

3190
奥穂高岳
3090
前穂高岳
梓川
横尾山荘
蝶ヶ岳
2677
蝶ヶ岳ヒュッテ
2194
鍋冠山
大滝山
2615
徳澤園
徳沢
冷沢
大滝沢
明神館
明神池
大滝槍見台
2365
上高地
白沢
徳本峠小屋
岩魚留沢
出シ沢
一ノ沢
北沢
2450
六百山
滑落現場
岩魚留小屋
戻り橋
徳本峠
南沢
二俣
2646
霞沢岳
小南沢
ワサビ沢
行き橋
矢嵩沢
小嵩沢山
2387
大明神山
1342
松本市街へ
島々谷川
島々
沢渡へ
N
0
2km

問題の行き橋は、仮設の橋となっていた。続いて現われる「戻り橋」も、まったく問題なく通過できた。その先にも、登山道や木道が崩落しているところがあったが、谷に下りて通過するなどして、午後四時前には岩魚留小屋にたどり着いた。

ここまでは予想どおり、最近、誰かが歩いた気配はなかった。全体的に苔むした印象で緑が美しく、とてもいい雰囲気の道だった。

岩魚留小屋の前を流れる沢には、徒渉点にトラロープ（標識ロープ）が張り渡されていた。小屋は、対岸の台地の上にある。そこに上がる道が草に埋もれて見えなかったので、小屋に上がりやすそうな場所を探して徒渉した。対岸の斜面は刈り払いの跡もなく草ぼうぼうの状態で、小屋は見えるのに道がわからず、ルート探しに少し手間取ってしまった。なんで小屋の前だけ道が消えているのだろう。今日はここがいちばんの難所だったかもしれない。

岩魚留小屋は趣こそあるものの、それ以上に、廃屋のようで少し気持ちが悪かった。大菩薩峠のそばにある黒川山の廃鉱跡で感じたのと同じように、人の気配が中途半端に残っていて、嫌な感じがしてしまうのだ。当然、小屋には誰もいない。ルートの情報を聞こうと思い、事前に連絡を入れてみたのだが、誰も電話に出な

岩魚留小屋の手前の崩れた木道

岩魚留小屋近くのテントサイト

かった。

小屋の上は平らな台地状になっていて、一面にオオバコのような草が地面を覆っていた。小屋との間には、大きなイタジイ（スダジイ）と思われる木が小屋を隠すようにして生えていた。テントサイトとしてはいい場所なのだが、「ここで泊まるのはちょっとイヤだな」という感じはどうしても拭えない。それでも当初の予定どおり、ここにツエルトを張って泊まることにする。

その夜はシュラフカバーに潜り込んでもなんだか心が落ち着かず、結局、一晩中キャンドルをつけていた。

転落

翌朝、五時に目覚めた。空は灰色だったが、陽が昇るにつれてみるみる真っ青に変わり、雲ひとつない快晴となった。

朝食を食べ、トイレに行って身支度を整え、七時前に出発する。今日も昨日と変わらず、明るい日差しのなか、緑濃い道を歩きはじめる。

八時少し前に小南沢の徒渉点に着く。橋は道から落ちた状態になっている。少し

事故現場

もどって河原から行けば問題なく渡れるように思えた。すぐにそうすればよかったのだが、橋の架かっていた地点がどうなっているのか見たくなり、先まで行ってみることにした。それが間違いだった。

そこには崩壊した橋の支柱が残り、悪い草付きのような状態になっていた。支柱を使えばなんとか渡れるかと思ったが、一歩踏み出してみるとかなり不安定だ。「まずいな」と思ってもどろうとしたときに、草付きが崩れた。落ちた高さは三メートルぐらいだっただろうか。もっと長かったような気もする。

落ちていく途中、橋の支柱や岩もいっしょに崩落していくのがわかった。なぜだかわからないが、このとき足が折れたことを実感した。

下の河原に落ちたときは、ザックを背負ったまま仰向けになっている状態だった。右足を見てみると、やはりあらぬ方向を向いている。痛みはまったくないのが不思議だ。

最初に口から出た言葉は「どうしよう」だった。実際に大きな声でそう言った。人が通りかかることなど、まったくといっていいほど期待できない道だ。

不思議と痛みは感じなかったが、立ち上がろうとして右足がなにかに触れた瞬間、足首に激痛が走り、倒れてしまった。また「どうしよう」と思う。これでは歩けない。

三メートルほど下流に、落下した平らな橋の桟があるのが見えた。両手と左足を使って這いずるようにそこへ移動し、桟の上に乗った。ザックを背負ったまま、斜面にもたれかかるような体勢で両足を伸ばす。こうしたことで、地面からの冷えを防ぐことができた。

体勢を整えたあと、携帯電話を取り出してみた。期待はしていなかったが、やはりアンテナは立っていなかった。一応、通話とメールも試してみたものの、どちらも通じなかった。

頭のどこかで、ダグ・スコット（一九七七年、クリス・ボニントンとともにカラコルムのバインター・ブラックを初登頂したが、下降時に両くるぶしを骨折。七日間かけて膝だけで懸垂下降しながら下りてきた）みたいなわけにはいかないなと思った。自分にはとても無理だ。

そもそも状況が違いすぎる。私の場合、待っていれば助けにきてもらえる可能性が高い。

動いたほうがいいのか、動かないほうがいいのかはよく考えた。ここからいちばん距離的に近いのは徳本峠である。標準コースタイムで約三時間の行程だ。そこまで片足もしくは膝で前進していって、果たしてたどり着けるかどうか。途中で気力が切れてしまうかもしれない。かりにたどり着けたとしても、一日がかりになるだろう。水の問題もあった。

山行計画書は、家族にも、所属している山岳会にも残してきている。下山予定日を過ぎてももどらなければ、警察に連絡するはずである。だったら待つべきだと判断した。動かないでいることは根性なしなのではないかとも思ったが、仕方がない。

腹をくくってからは、ここでどれだけ気持ちよく過ごせるかということに努めた。

右足は、両手で太ももを抱えるようにしないと動かせない。つま先がそっぽを向いているのが悲しい。右足の靴のひもを解いたが、ここで靴を脱いだら二度と履けなくなるのはわかっているので、それ以上のことはしない。幸いなことに靴下に出血の痕はなく、開放骨折は免れたようだ。折れた骨がプックリと膨らんでいるのがよくわかるが、右足の指はなんとか動かせる。どうやら出血やショックなどですぐに死ぬということはなさそうだと判断する。

脱臼した右足首を自分で撮影した

そっぽを向いた右足とセルフポートレート、それにこの場所の写真をデジカメで撮っておく。一応、防水カメラだから、万一の場合でも記録は残せるだろう。

次に、ズボンの膝下の部分をザックから出して、取り付けられるかどうか試してみる（膝下が着脱できるズボンをはいており、半ズボンにした状態で歩いていた）。裾の部分のジッパーを広げると、靴を履いたままうまく右足を通すことができた。このズボンにしてほんとうによかったと思う。

続いて雨具のズボンもはいてみようとしたが、これは痛くて無理だった。それでも半ズボンだけの状態よりはよほどいい。上半身は、行動中に着ていたTシャツの上にオーロンのポロシャツを着て、さらにその上に雨具のジャケットを着込んだ。これで冬用のアンダーウェア以外、着られるものはすべて着たことになる。雨具のポケットには、カメラや名刺ケースなどを入れておいた。名刺を身につけていれば、最悪の場合でも身元は判明するはずだ。

身支度を整えたあとは、スリングと七ミリ×四十メートルの補助ロープを使い、身に着けていたスワミベルトと崩れた橋の踏み板を結びつけた。踏み板は崩れてはいたが、ばらばらにはなっておらず、橋の支柱に連結されていた。遭難者を捜索するときにいちばん困るのは、最悪、死んでしまったときに、沢の増水によって遺体が流されてしまい、どこに行ったのかわからなくなってしまうことだ。でも、こうして体と橋を結びつけておけば、万が一、沢が増水しても遺体は流されず、捜索する側の手を煩わせずにすむ。

最後にツエルトとエマージェンシーブランケットを取り出し、まずツエルトで体を包み、その上からブランケットを巻きつけた。適当だが仕方がない。いちばん上にブランケットを巻いたのは、光る素材なので目につきやすいうえ、ツエルトよりも防水性に優れているからだ。

さらにザックから水筒と行動食、貴重品袋を出し、体の左側に置いた。これでとりあえずビバークの態勢が整った。

今回の事故は、ふつうなら起きない場所で起きており、もし救助される前に自分が死んでしまったら、それを説明できず、関係者は「なんで？」と思うだろう。そこでポケットに入れてあったコースのメモの裏に、今回の事故の経緯と家族へのメッセージを書き、ジップロックの袋に入れて身に着けた。家族には「帰れなくてゴメン」というようなことを書いた。

ここまでで約一時間ぐらいが経過した。ちょっと落ち着いた感じになる、と同時に、右足首がパンパンに膨れ上がってくるのがよくわかった。右足を乱暴に動かさないかぎり、ひどい痛みを感じることがないのはとても助かったが、事故直後の興奮状態による痛みのブロック効果はそろそろ終わりのようだ。

捜索開始を待つ

こうやって周りを見る余裕が出てきた。少し下の河原にカワガラスがいる。カワガラスは好きな鳥なので、ちょっと嬉しくなる。右側を振り返ると、小さな白い花と藤色のリンドウのような花がある。ほんとうにいいところだなーここは、と思う。じわじわとくる右足の痛みに現実に引きもどされながら、もしかしたら助かっても右足はなくなってしまうのかな、なんて考えや、最悪の場合、まあここが人生最期の地ということになるんだけど、ここならまあいいか、なんてことを、思うともなく思う。痛みは今のところなんとか我慢できる範囲内だ。頭痛持ちなのでふだんから所持しているアスピリンと併せて、水を少し飲む。

時間がゆっくりと過ぎてゆく。私がアクシデントに遭ったことに気づいてもらえるのはいつごろだろうかと考える。

下山は十七日の予定だから、留守宅で騒ぎになるのは十八日の午前中ぐらいだろう。それから捜索活動に入るとして、順当にいけば徳本の小屋から人が捜索に下りてくるのに約二時間、発見後ヘリにピックアップしてもらうまでにさらに二時間ぐらいと見て、最も早くても救助されるのは十八日の夕方前ぐらいだろうか。そこから逆算すると、どんなに短くても約六十時間はここにいなくてはならないかなと思う。

六十時間もつかどうかがひとつの目安になる。気持ちは折れないだろうか、急な外傷性ショックがこないだろうか、つい、いろいろと考えてしまう。

幸いなことに食料は充分あった。天気予報は出発前にチェックしていて、しばらく安定していることはわかっていた。この二日間ぐらいはもってくれるだろう。

雨が降るとツラいだろうなと思う。ましてや沢のそばだったので、鉄砲水が怖かった。だからこそ、セルフビレイをとったのだが。

それ以上に、六十時間が経過して三日目のビバークの夜を迎えるのはやりきれないだろうなとも思う。おそらく今の私にとっていちばんツラいのは、三日目の夜を迎えなければならなくなったときだろう。三日待って救助が来なければ、そのときはそのときでまた考えるしかない。あるいは自分から動きだすということになるかもしれない。今のうちからそういうことを考えておけば、仮にアテが外れたとしても落胆は少なくてすむ。逆に考えておかないと、外れたときにそれこそパニックになってしまう。とにかく三日が目処だろうと思った。

そんなことを考えながらも、このゆっくりと進む時間をなんとかしのぐために、六十時間まであと何時間あるのか、カウントダウンを始めることにする。

心のどこかで、ダメなときはダメだという開き直った気持ちと、それでも誰か通ってくれないかなあという都合のいい気持ちがせめぎ合っている。

そうしているうちに、太陽が谷にも差し込んできた。陽の光が嬉しい。陽当たりのいい場所でラッキーだった。ほんの少しだけ、うとうとできたような気がする。

朝からずっと動かないので仲間と認めてくれたのだろうか、目の前をキセキレイが歩いている。ふだんでは信じられないぐらい近い距離だ。鳥や花を見ていると、不思議と気持ちが落ち着いてくる。

下を見たら、カワガラスはもうどこかに行ってしまったようだ。ちょっと哀しい。

暑くもなく、寒くもなく、沢の音は涼しげで、セミの声も聞こえる。ほんとうにいいところだ。なによりもメジロのようなやつがいないのが嬉しい。刺されこそしなかったが、それでもさすがにふつうのアブは何度かやってきた。

昼になる。ひと口ゼリーを少し食べる。美味い。

残っているアスピリンの数と時間を計算し、飲む時刻を決める。あとはやることがなくなった。

ダメもとで持参した文庫本を読んでみる。やはり少しツラい。少し放心する。また読んでみる。なんとか読める。阿川弘之の『南蛮阿房列車』のばかばかしいほどの真面目な大人げなさが、右足首のじんわりとくる痛みを忘れさせてくれる。深刻な内容じゃないのがよかったのだろう。休み休みながら一冊を読了してしまった。ありがたい時間だった。

午後になる。頭の上のほうだから北側だろうか、ヘリコプターが頻繁に飛んでいる音がする。それがずいぶん長い時間続く。その音を聞きながら、俺のヘリではないんだよなーと思う。俺のヘリが飛ぶまでには、あと五十時間ぐらい待たなければな、とぶつぶつと頭の中で言っている。

本を読み終わると、またやることがなくなってしまった。

こんな状態でも、やはり尿意は襲ってくる、実はこれがいちばん懸念される問題だった。垂れ流しにするわけにもいかないので、腫れ物に触るように右足のズボンをつまんで右側に移動させる。成功だ。次に左足を左側に移動して足を広げ、栈の上から下に向かって小便をする。万歳！　少なくともおしっこ臭い状態で発見されることは避けられそうだ。しみじみと立ち小便は偉大だなと思う。

時間はいつの間にか午後四時になっている。

横になっていても、無意識に体を動かしたりもぞもぞしたりするので、体に巻きつけたブランケットがどうしても広がってしまう。そこでブランケットをひもで結び合わせることにする。どのひもを使おうか考えて、ツエルトの張り綱を使うことにした。

ツエルトの張り綱を切って、ブランケットの裾と手前のアイレット（鳩目穴）に通す。ツエルトを足のほうに巻き、その上からブランケットを巻きつけてひもで結び合わせる。これでずいぶんと整ったビバーク態勢になった。

右足がそっぽを向いているのが気になり、釣り竿とツエルトのポールで副木を当て、テーピングテープで固定しておいた。釣り竿は、時間に余裕があればイワナでも釣ろうかなと思って持ってきたものだ。餌のミミズも買って持っていたが、結局、釣りは一度もしなかった。

痛みに耐える夜

さあ、いよいよ夜になる。ほんとうに暗くなるのは七時以降だが、残っていた長袖のアンダーウェアをいちばん下に着込み、その上にそれまで着ていたものを重ね着し、ヘッドライトを出してフードをかぶる。

夜に備え、行動食の袋の中からナッツとジャーキーを取り出し、ナッツ一粒につき三十回以上嚙み締めるようにして食べる。気がまぎれる。美味いなと思う。昼間はあまりなにかを食べたいという気持ちが起きず、事故後に食べ物を口にしたのはこのときが初めてだ。ゆっくりナッツとジャーキーを食べて水を飲む。これなら一週間ぐらいは食い延ばすことができそうだ。

食料面の余裕は、こんな状態のときはとても嬉しいものだ。この時点での行動食のストックは、カロリーメイトのゼリーが一つ、カロリーメイト八本、グラノラバー二本、ひと口ゼリー若干、キャラメルおよび黒砂糖若干、ナッツ&ジャーキーがジップロックに一袋、オレンジ一個。カロリーメイトのゼリーとオレンジは、最後の贅沢に取っておくつもりだ。それ以外にもまだ十六日の夕食用のジフィーズと十七日の朝食もある。水も一リットル近く、ガスカートリッジもほぼ二本。贅沢なものである。

テーピングテープで固定した右足がひどく痛む。炎症を起こしているのは間違いないだろう。ファーストエイドキットのなかに抗生剤があったことを思い出し、二錠飲んでみる。これがけっこう痛みに効いて、とても助かった。これも時間を決めて服用することにする。

実はこのとき飲んだのは抗生剤ではなく、鼻炎用のカプセルだった。医者からもらった抗生剤とそっくりだったので、てっきり抗生剤だと思い込んで所持していたのだ。思い込みで効いたのか、ほんとうに効いたのかはわからない。ただ、鼻炎用カプセルだと判明したあとも服用してみたが、効きは同じようによかった。眠くなる成分が入っているおかげで、少しは眠ることができた。抗生剤は最後の最後に服用することにしたが、結局、手をつけなかった。

夜になる前に、またセルフポートレートを撮っておく。万一のときのある種の証明写真にはなるだろう。

とうとう陽が落ちた。できればシュラフカバーに入りたかったが、右足の状態を考えると、とても使うことができるとは思えない。ザックにしまったままだ。

ヘッドライトを点けると虫が集まってくるので、必要がなければ点けない。

ときどき、ナッツの袋を指でまさぐり、これはなにかなあと考えながら口にする。ふだんでは考えられないぐらいゆっくりと噛み締める。アーモンド以外のナッツに当たると少し嬉しい。それがカシューナッツなら、鶏肉のカシューナッツ炒めのことを思い浮かべる。クルミなら、こいつはブレインナッツというのではなかったっけ、と思う。脳みそを噛み締めているというのは、今のこの状況下ではちょっとダークなジョークのようにも思われた。アーモンドは美味しいが、いちばんたくさん入っているので、このゲームでは外れだ。

やることがないから、そんなことでもしないと時間をつぶせない。そうしている間にも、右足はどんどん痛くなってくる。

沢の音が大きく聞こえる。ときどき時計を見る。時間はなかなか進まない。

十時過ぎぐらいだろうか、痛みに耐えかねて右足のテーピングをはがし、副木を取った。これで少しは楽になった。考えてみれば、固定することで折れた足を無理やり正常な方向へ向けようとしていたのだから、これは失敗だった。

尿意がまた襲ってくる。細心の注意を払い、右足をズボンで吊り上げるように移動させて小便をする。今度もツエルトやブランケットを汚さずに済ますことができた。小さな自負心が満足する。

右足の痛みをまぎらわすために、足の位置をごそごそと動かす。動かすことでまた足の痛みがひどくなる。また動かす。ツラい繰り返しだ。

ときどき落石の音がする。うとうとしていても、音がするたびに目が覚めてしまう。

自分で決めた時間を待って薬を飲む。痛みがいくらか楽になる。

空を見る。星が出ているのがわかる。晴れていることがありがたい。寒さはほとんど感じない。

足が痛む。足の位置を直す。また痛む。直す。時計を見る。時間は進まない。

突然、水滴が降ってくる。空は曇っているが、雨ではなさそうだ。ほっとする。カゲロウは種類によって目が光ることに気づく。それとも幻を見ているのだろうか。灯りさえ点けなければ虫が寄ってこないのがありがたい。

背後のほうで、なにかががさがさ動く気配がする。シカやタヌキだったら問題ない。いちばん怖いのはクマだ。クマだけは困るなあと思ったが、来たら来たで仕方ない。

朝を待ちながら、つまらないことをいろいろ考えていた。仕事のことはあんまり考えなかった。

三時過ぎには明るくなってきた。明け方近くに、体を左に伏せて折れた足を左足の上に乗せると楽なことがわかった。これで少しうとうとすることができた。

夜が明けた。夏だから夜が短くて助かった。六時前にまたセルフポートレートを撮る。憔悴した顔だ。

夜が終わったことに安心して、またうとうとと眠ってしまう。

救出

足元でガサッと足音がした、はっと目覚める。一メートルほどの至近距離に、歳のころ五十代半ばぐらいの男性が立っていた。「すいません」と声をかける。

相手の人も「起こしてしまってすいません」と応えてくれる。

「足首を骨折して動けません、ヘリを呼んでもらえないでしょうか」

「携帯電話は通じないのですか」

「通じません」

「私ので試してみましょう。……ああ、やっぱりダメですね」

「メッセージを書くので、警察に連絡をお願いします」

「わかりました。下山して一一〇番に電話します」

名刺の裏に、ここの位置と状況、所属している山岳会の連絡先、妻の携帯の番号を思い出せなかったので自宅の電話番号を書き、同じものを二枚渡した（このときのメモの書き方が悪かったので、どっちが家の電話番号で、どっちが会の連絡先なのか区別がつかず、警察を混乱させてしまったようだ。山岳会の仲間にも迷惑をかけてしまった)。

男性は単独で蝶ヶ岳方面から縦走してきて徳本峠小屋に泊まり、今朝七時に小屋を出発してきたという。小屋から明神に下るか島々谷に下るか迷ったが、小屋の主に「あんたなら大丈夫だろう」と言われてこっちに来たそうだ。

別れ際に相手の人の名前を聞くと、「長島(仮名)と申します」と名乗った。念のために名刺をもらっておく。

「橋は架かっていますが、道はかなり悪いです。気をつけて行ってください。よろしくお願いします」

「ええ、慣れていますから」

あとで聞いたところによると、長島さんは「怪しげな釣師がツエルトをかぶって寝ているなあ」と思ったのだそうだ。ヘタに声をかけて怒られたりすると面倒くさいなあ、というのが本音だったという。

コンタクトの度が合わないことをしきりに気にしながら、長島さんは昨日私が登ってきた道を下りていった。

長島さんと別れてまたセルフポートレートを撮る。いくらか余裕が顔に出てきたような気もする。時間は八時前だった。左のほうを眺めると、また、カワガラスがいる。嬉しい。

長島さんの無事を祈りつつ、島々谷の道を思い返す。決して楽な道ではない。岩魚留小屋の前のルートはわかるだろうか。あの崩落地点は大丈夫だろうか。いろいろな思いが頭に浮かぶ。

山ではなにが起きるかわからない。自分のように滑落して行動できなくなってしまうことだって充分ありえる。だから「これで助かった」とは思わないようにしていた。とにかく長島さんが無事下山することを祈るしかない。

順調に行ったとして、長島さんが新島々に着くのは早くて十二時前後になるだろうと思っていた。それからどのような手順を踏むことになるかわからないが、うまくいけば今日の午後には助け出してもらえるかもしれない。

でも、ほんとうにそんなにうまくいくのだろうか。仮に長島さんがどこかでアクシデントに見舞われてしまえば、その目論見も成り立たなくなる。ヘリが飛べるコンディションかどうかという問題もある。

期待をしつつ、頭の中で最悪の事態も想定し、救助されるのは明日になる可能性もあると覚悟しておくことにする。もし、今日ピックアップされなければ、今夜は恐れていた三日目の夜よりもツラい思いをすることになるかもしれない。そのための用心だった。

そう思いながらも、この日の朝、人に会うことができた奇跡を心から感謝する。

足元の桟の下の土は、夜の間にだいぶ崩れてしまっていた。少しでも足の痛みを和らげようとして、しきりに足を動かしていたためだった。

朝食代わりにキャラメルを食べる。一、二粒のつもりだったのだが、八粒ぐらい食べてしまった。キャラメルが美味しかったこともあったが、どこかで気が緩んだのかもしれなかった。

足は相変わらず痛む。薬を飲む。少し楽になる。

時計を見る。長島さんは今どのあたりだろうかと思う。時間はゆっくりと過ぎていく。

十時過ぎに、南側の尾根の向こうからヘリの音が聞こえてきた。

いくらなんでも早すぎると思う。思うが、荷物をまとめておくことにする。この素晴らしいビバーク地の風景も写真に撮っておく。

十二時前、大きな力強いヘリコプターのエンジン音が下流側から響いてきた。岩魚留小屋のあたりでホバリングしているようだ。

渓筋沿いにエンジン音が上昇してくる。ツエルトを振りはじめる。

とっておきだったオレンジは、感謝の気持ちを込めて渓に投げ込んだ。

ありがとう、島々谷。私はあなたに護られたのだ。

ヘリだ。ヘリが見えた。消防のヘリのようだった。パイロットの顔が見える、降下要員もホイストマンも見える。俺のヘリだ、助かったんだ。長島さん、ありがとう。

ホイストからワイヤーが伸び、人が降りてくる。すごい風だ。

降下した救急隊員は、手際よくシーネで足を固定し、荷物をまとめ、吊り上げポイントまで肩を貸してくれた。ここでレスキューハーネスを取り付けられ、二人いっしょにヘリに吊り上げられていく。さようなら、島々谷。

手際よく私を収容したヘリは、渓沿いに上昇を続け、上高地の上を大きく左に曲がり、梓川沿いに松本に向かっているようだった。渓のなかでは感じなかった暑い空気が、ヘリの中に吹き込んできた。

やがて松本の病院のヘリポートに着いた。ストレッチャーに乗せられてエレベーターに向かうとき、ヘリのパイロットに手を振った。感謝の気持ちを表わす方法はこれくらいしかなかったのだ。

機長が手を振り返してくれたことが無性に誇らしく嬉しかった。

こうして私は生還した。足を折ってから二十九時間目のことだった。

いくつもの幸運が重なり、後遺症もなく、今こうして以前と変わらぬ生活が送れることを心から感謝したいと思う。

単独行のリスク

以上、当事者の事故報告書をベースに、インタビュー等による補足事項を加筆して構成した。

多少の補足をしておくと、遭難者の男性（五十歳）から救助要請を託された長島さんは、島々谷の南沢と北沢の分岐のあたりまで下りていったところで、マウンテンバイクで入山していた環境省のレンジャー二人に出会ったそうだ。長島さんが事情を話すと、ひとりがマウンテンバイクを貸してくれて、もうひとりのレンジャーといっしょに下っていき、島々に出て一一〇番通報をしたという。

しかし、たまたまこの日は、前穂高岳での滑落事故、魚野川源流での沢登り中の転落事故、槍ヶ岳での落石事故など、松本署管内でいくつかの遭難事故が起きていた。県警ヘリはこれらにかかりきりになっていたため対応できず、防災ヘリが出動することになったようだ。

入院後、医師の治療を受けた結果、男性の右足首のケガは骨折ではなく脱臼だということがわかった。ただ、そのほかに腓骨が折れていたため、後日、ボルトで固定する手術を受けた。

今回の事故の直接の原因は、本人も書いているとおり、崩壊地の不安定な足場に一歩を踏み出してしまったことに尽きる。その手前のほうに難なく沢を渡れる箇所があったのだから、わざわざ崩壊地をのぞいてみようとしたことは、魔が差したとしか言いようがない。

そのほかの失敗として、男性は通行止めの登山道を選んだこと、登山届を出さなかったことを挙げている。前者については、山では、行くか行かないかの判断を下すのは自分自身であり、その結果に対しては本人が全責任を負うことになる。失敗だったのは通行止めの登山道に入り込んだことではなく、不注意により滑落してしまったことだろう。ただ、結果的には遭難してしまったので、それを指摘されたとしても仕方がないかもしれない。

登山届の件は、出さなかったのではなく、出せなかったのだから同情の余地はある。救助されたあと、警察から事情聴取を受けたときに「登山届を出してないよね」と言われたので、「どこに出せばいいんですか」と尋ねると、新島々や島々の登山口に登山届用のポストがないことは警察も認めたという。ただし、「そのかわり今はインターネットで登山届を受け付けているよ」と言われたそうだ。

男性が登山を始めたのは、中学校三年のときに大菩薩峠に登ったのがきっかけで、以来、中学校の同級生らと山の会をつくって山に行くようになった。このころは仲間と行くこともあれば、ひとりで行くこともあった。

大学に入ってからは本格的に登山に取り組むようになり、飯豊連峰の全山をひとりで縦走したのを機に沢登りやクライミングを始めたいと思い、社会人になって登山学校の門戸を叩いた。しばらくはその登山学校を手伝いながら活動し、のちに社会人山岳会に入会して今日に至っている。

この事故が起きるまでは、四季や山行形態（ピークハント、縦走、冬山、沢登りなど）を問わず単独で山に行くことが多かった。山岳会に所属しながら単独でも山に登っているのは、余計なことを気にしないで、自分の好きなように振る舞えるからだ。たとえばこのときの山行にしても、行程を一泊二日にするか二泊三日にするかは、山に入って状況を見ながら決めようと思っていたという。パーティを組んでいたら、まずそういうわけにはいかない。

「他人を頼りにはできない単独行は、自己完結している登山のスタイルだと思います。その反面、なにかアクシデントがあったときに、すべてを自分自身で背負い込まなければなりませんが」

その負の部分を、このときの経験で彼は身をもって体験することになる。

あらためて事故を振り返ってみて、「幸運に恵まれたことは間違いない」と彼は言う。事故現場のすぐ近くに良好な条件のビバーク地があったこと、天気がよかったことなどはたしかにそうだろう。もし雨でも降っていたなら、状況はまたずいぶん変わっていたかもしれない。

「なにより、事故翌日の朝、奇跡的に長島さんと出会うことができなかったら、その後、がんばりとおすことができたかどうか、まったく自信はありません。その結果がどのようなものになったのかも、想像することすらできません」

この事故のあとも、傷が癒えてからは単独で山に入っている。

もっとも、危ないと思ったところへは行かなくなり、簡単な沢であっても、不安を感じたらそこから引き返すようにしているそうだ。

「気持ちのうえで、ひとりでは以前のようには登れなくなりました。逆に言えば、なるべくリスクを背負わないようになったということになるのでしょうか」

単独行においてリスクを避けるためにいちばん重要なのは「無理をしないこと」。それを肝に銘じながら、これからも山登りを続けていくつもりだという。

加越山地・白山　二〇一一年八月九日

通い慣れた山の未知のコース

生まれも育ちも金沢の越村栄一（四十一歳）にとって、白山は最も身近な山である。

宮城県仙台市にある東北福祉大学に通っていた大学三年のとき、社会実習で夜通しかけて栗駒山に登り、山頂から見た日の出に感激して山登りを始めた。大学在学中はルートを変えて何度も栗駒山に登ったほか、鳥海山や蔵王の刈田岳、面白山、虎毛山、大東岳などへの山行も行なった。登山技術や装備については、山岳雑誌や書籍などを読んで独学した。

大学卒業後、金沢にもどってきて就職すると、早速、職場に山登りの会を立ち上げ、自分が会長となって活動を開始した。そのホームグラウンドとなったのが、金沢から近い白山とその周辺の山域だった。

登山の形態は、岩登り以外のピークハント、縦走、沢登り、冬山などをひととおり実践した。白山以外では北アルプスにもよく通い、会員のレベルや要望に応じて数多くの山行を重ねていった。ほとんどの山行では越村がリーダーを務めたが、冬の剱岳のように難易度の高い山に行くときは、経験豊富な知人に連れていってもらうこともあった。

その後、転職して職場が変わったが、今でも前の職場の山仲間と山行を共にすることは少なくない。また、そうした山行とは別に、単独でも山に入っている。山行のペースはだいたい二週間に一回で、そのうち単独行の割合は全山行の六割ぐらいだという。

これまでに越村が残した足跡は、剱・立山連峰から槍・穂高連峰までのほぼ北アルプス全域にわたり、剱岳だけでももう二十回ぐらいは登った。白山への山行は百回以上を数え、一般コースはほとんどトレース済みだ。

その白山の一般コースのなかで、ゴマ平避難小屋から石川・岐阜の県境尾根をたどって白川郷へ抜ける北縦走路は、まだ歩いたことのない未知のコースだった。かねてから、山仲間からは「妙法山から見る白山も素晴らしいよ」「もうせん平には池塘があって花がきれいだよ」といった話を聞かされており、いつかは行かなければと思っていた。

また、南縦走路(石徹白道《いとしろ》)、加賀禅定道、楽々新道、岩間道、中宮道はすでに踏破していたので、残る北縦走路をトレースすることによって、白山の南北全長約五十キロを結ぶすべての登山道をつなげたいという思いもあった。

それを実現させるべく、二〇一一年八月七日、越村は金沢から季節運行の直行バスで別当出合へと向かった。計画は、別当出合から白山に登り、中宮道、北縦走路を経て白川郷へ下山するという、二泊三日の行程である。

宿泊は野外と避難小屋を予定していたので、シュラフとマット、それにツエルトを持った。そのほかの装備は、ガソリンストーブ、ガソリン一リットル、コッヘル、水最大八リットル（四リットルのペットボトル二本）、食料四日分（カップラーメン、レトルトのご飯と鰻、トマト、パスタなど）、行動食（飴、チョコレート、カロリーメイトなど）、調味料、ウイスキー一リットル、着替え三回分、一眼レフカメラ、ヘッドランプ、ファーストエイドキット、地図、コンパス、ＧＰＳなど。水を八リットル分も持ったのは、コース中に水場がきわめて少ないためだ。これらを詰め込んだ七十リットルのザックは、ぱんぱんに膨れ上がった。出発前に重さを量ってみたら二十三キロあったそうだが、二、三日の山行のときはいつもだいたいそれくらいの重さになるという。

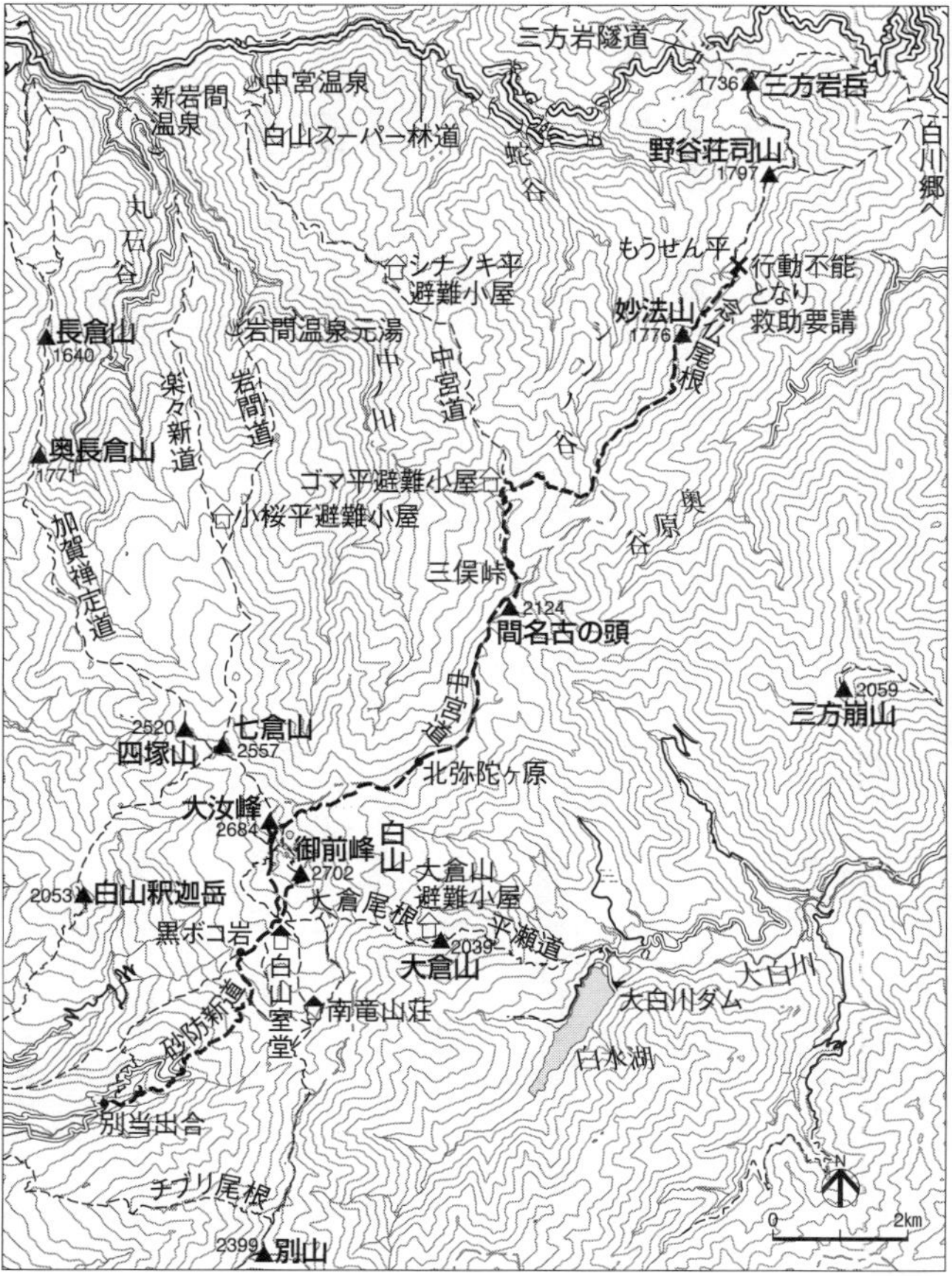

三方岩隧道
中宮温泉
新岩間温泉
白山スーパー林道
蛇谷
1736
三方岩岳
野谷荘司山
1797
白川郷へ
丸石谷
シナノキ平避難小屋
もうせん平
行動不能となり救助要請
妙法山
1776
念仏尾根
長倉山
1640
岩間温泉元湯
中川
中宮道
楽々新道
岩間道
奥長倉山
1771
ノ谷
ゴマ平避難小屋
小桜平避難小屋
奥原谷
加賀禅定道
三俣峠
2124
間名古の頭
中宮道
2059
三方崩山
2520
七倉山
四塚山
2557
北弥陀ヶ原
大汝峰
2684
御前峰
白山
2702
大倉山避難小屋
2053
白山釈迦岳
大倉尾根
平瀬道
黒ボコ岩
2039
大倉山
白山室堂
大白川
大白川ダム
砂防新道
南竜山荘
白水湖
別当出合
チブリ尾根
N
0
2km
2399
別山

別当出合に到着したのは朝の八時ごろ。砂防新道経由で白山室堂《むろどう》までは、コースを通い慣れている越村の足で約三時間半の行程だ。出発前には、いつものように登山計画書を登山口のポストに提出しておいた。家と職場には一部ずつコピーも置いてきた。

夏の最盛期だけあって、登山道は大勢の登山者で渋滞していた。朝のうちは天気もよかったが、南竜道分岐に差しかかるころには雨が降りだした。雨足はしだいに強くなってきたので雨具を着込んだが、靴の中はちょっと濡れてしまった。しかし、黒ボコ岩を経由し、白山室堂から白山主峰の御前峰《ごぜんがみね》を往復しているうちに雨は上がり、再び太陽が顔をのぞかせていた。

白山室堂までもどると、今度は進路を北にとって大汝《おおなんじ》峰を目指した。大汝峰の下（南側）の分岐には、平べったい大きな岩がある。その晩は、岩の上にシュラフを広げ、星空を眺めながら夜を明かすつもりだった。

分岐には午後五時前に到着し、早速、夕食の準備にとりかかった。山での食事にはいつも凝るほうで、このときは冷凍しておいた鰻の蒲焼きとご飯のレトルトパックをストーブで温め、鰻丼をつくった。ところが、食事の真っ最中に再び雨が落ち

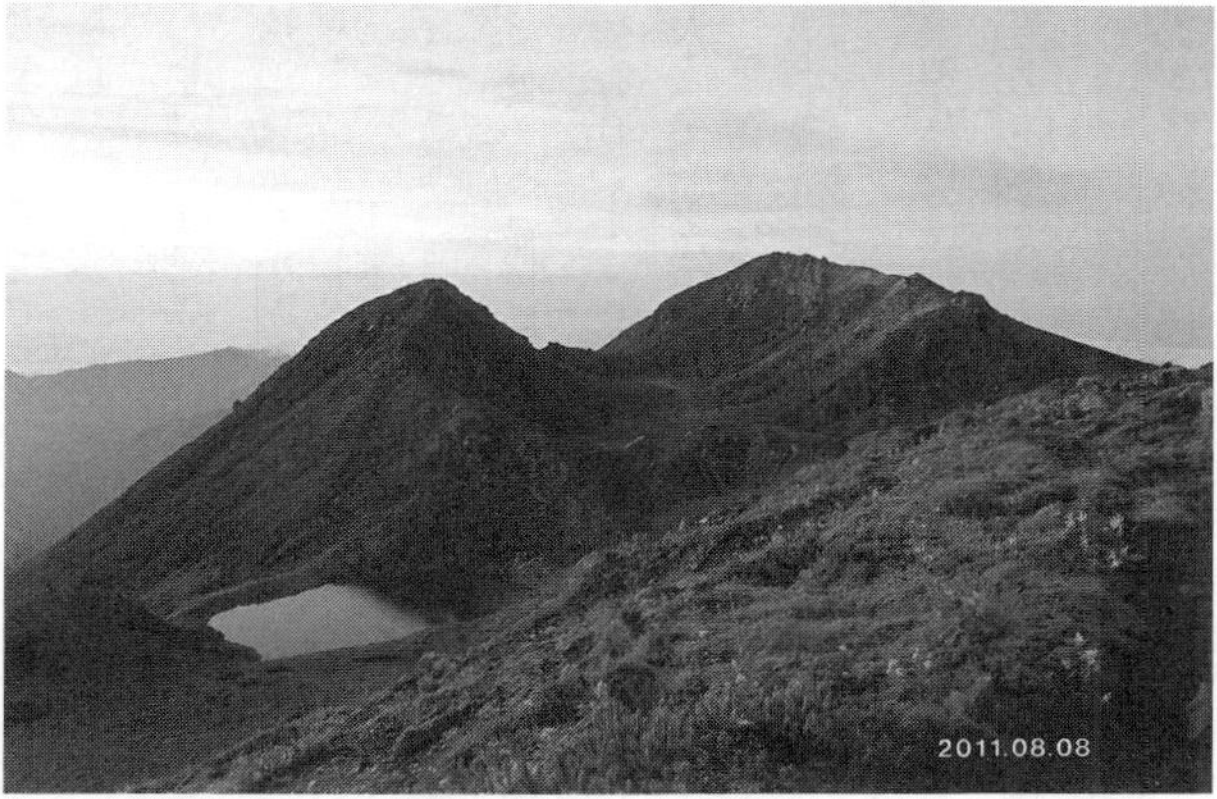

大汝峰から見た御前峰(右)と翠ヶ池

大汝峰下の分岐点の指導標

てきた。慌ててご飯をかき込み、荷物をまとめると、大汝峰山頂にある大汝小屋に逃げ込んだ。

地図には記載されていないこの避難小屋は、もともとは太平洋戦争中にB29爆撃機の見張り小屋として建設されたもので、戦後はロボット雨量計が設置されていたが、その役割を終えたのちに地元の白山会が使用権利を譲り受け、避難小屋として改修され、現在に至っている。三人も入ればいっぱいになってしまう小さな岩小屋だが、緊急時に備えて常時開放されており（緊急時のみ使用可とされている）、その存在のおかげで窮地を救われた登山者は少なくない。結局、入山初日の晩はこの大汝小屋を使わせてもらうことにした。

油断

翌八日は雨も上がり、朝からいい天気となった。朝食を食べて日の出前に小屋を発ち、大汝峰山頂で日の出の写真を撮り、五時ごろから行動を開始した。

この日の行程は、中宮道をゴマ平避難小屋まで。標準コースタイムで四時間半ほどの所要なので、余裕の行程といっていい。陽当たりのいい明るい尾根道は心地よ

白山・御前峰付近からお花松原、中宮道方面を望む

いプロムナードのようで、写真を撮ったり高山植物を眺めたりしながら、ペースを落とし気味にしてゆっくり歩いていった。北弥陀《きたみだ》ヶ原では美しく咲き誇る花々を眺めながら食事をとり、持参したウイスキーを一杯引っかけて二時間ほど昼寝をした。

目が覚めたのは十二時前後。「ああ、すっかり気持ちよくなって寝ちゃったなあ」と思ったが、時間的にはまだまだ余裕があった。

「白山のメインルートは、別当出合から登る砂防新道と観光新道、それに岐阜県側からの平瀬道の三本です。この三本のメインルート周辺、白山室堂や御前峰を中心に、北は大汝峰、南は南竜山荘あたりまでは、人が多くにぎやかです。でも、メインルートをちょっと外れただけで、しーんとした静寂が味わえるようになります。北側だったら七倉山、南側だったら別山のあたりまで来ると、一時間にひとりの登山者と出会うか出会わないかで、人に会って登山道の状況や水場などの情報が得られれば御の字です。山小屋も、有人で営業しているのは白山室堂と南竜山荘だけです。ほかは避難小屋なので、メインルート以外のコースをたどろうとするなら、自分で食料やシュラフを持っていかなければなりません。その点が、北アルプスの槍・穂高連峰などとは違うところで、自己責任がいっそう問われる山域だと思います」

そういう意味では、越村がたどっていた中宮道も静かな白山の魅力を凝縮したようなコースであった。実際、この日の行動中はほかの登山者にまったく出会わなかった。

その一方で、メインルートを外れたコースは登山者が少ないぶん、登山道の整備が行き届いていないという側面もある。中宮道も間名古の頭あたりまではっきりとした登山道がついているが、森のなかに入って三俣峠を過ぎると道はとたんに不明瞭となった。

中宮道は以前に二回歩いているので、三俣峠からゴマ平避難小屋までの道の状況があまりよくないということはわかっているつもりだった。あるいはそれが油断につながったのかもしれない。ゴマ平避難小屋まであとわずかというところ、地図上ではギザギザに表記されている最後の急な下りで、うっかり転倒・滑落してしまったのである。

「踏み跡程度しかない、傾斜のついた草付きの道でした。草が地面を覆っているから、滑りやすいうえ、どこに足を置いていいのかわからない状況でした。それでたまたま足を置いたところが浮き石の上で、『しまった。やってしまった』と思った次の瞬間には、バランスを崩して転倒していました」

支えを失った体はそのまま斜面を転げ落ち、三回転ほどして岩に左脇腹と両膝を打ちつけて止まった。あまりの痛みで体を動かすことができず、しばらくはその場でうずくまっていた。内臓をやってしまったのではないかと心配したが、じっとしているうちに徐々に痛みは和らいでいった。三十分ほどしてようやく動けるようになったので、登山道まで這い上がって小屋へと向かった。

転倒場所からゴマ平避難小屋までは約十分の距離だった。到着時間は午後三時半ごろ。小屋に着いたあと、腫れ上がっていた両膝を水でアイシングし、持っていた湿布を張っておいた。

小屋にはほかに、中宮道を上がってきた中年夫婦の登山者が一組いただけだった。

「中宮道を登ってくるのは大変だったでしょう」

と声をかけると、「そうやな。樹林帯でなんにも見えんし」という返事が返ってきた。

負傷箇所の手当てをして人心地つくと、ひとまず安心したせいか腹が減ってき

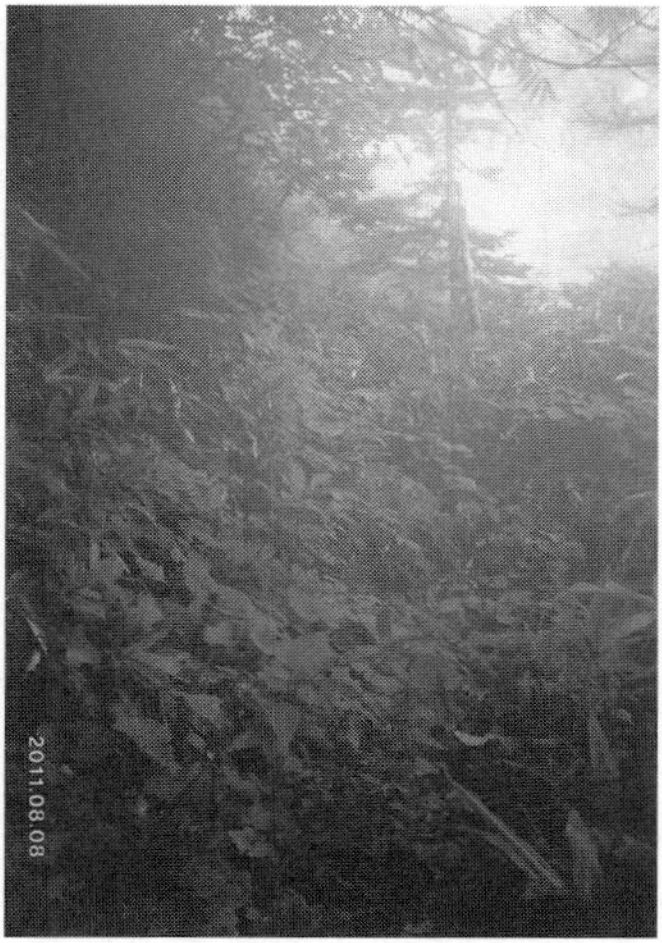

(上)ゴマ平避難小屋付近の登山道／ (下)ゴマ平避難小屋

た。この日の夕食はトマトソースのパスタ。丸ごと持ってきた生のトマトを刻んでソースをつくるという、ちょっと凝ったメニューだった。

食事を終えるともうすることがなく、早めにシュラフに潜り込んで寝てしまった。

勘違いしていたコースタイム

翌朝は四時に起床した。心配していた傷の腫れは引いており、痛みも消えていた。回復具合が思わしくなければ、歩いたことのある中宮道をそのままたどって中宮温泉に下りることも考えたが、計画どおり行って問題ないだろうと判断した。それに、中宮温泉のある白山スーパー林道方面に下りると、帰りの交通機関の問題が生じてくる。以前は路線バスの便もあったのだが、二〇〇七年に廃止になってしまったからだ。過去には何度か妻に車で迎えにきてもらったこともあったが、そうそう妻の手を煩わせたくはなかった。

また、ゴマ平避難小屋から中宮温泉までのコースタイムは約五時間半である。時間的には白川郷に下りるのも似たようなものだと思っていた（実はそれがとんだ思い違いだったことが、あとになって判明する）。

小屋を出たのは五時。北縦走路をたどって夕方までに白川郷に下山し、午後六時半発の高速バスでこの日のうちに金沢に帰るつもりだった。

小屋からシンノ谷までは、やはりあまり人が歩いていないのだろう、踏み跡のようなはっきりしない道で、しかもぬかるんでいた。前日の転倒のこともあるので、慎重にゆっくり歩いていたら、シンノ谷まで一時間のコースタイムのところを一時間半かかってしまった。

シンノ谷から北縦走路に入ると、歩きやすい明瞭な道となった。しばらくすると行く手にピークが見えてきたので、「あれが妙法山のピークだな」と思っていたのだが、たどり着いてみると違っていた。ならば次に現われたピークがそうだろうと思っていたら、それもまた違うピークだった。「あれ？　なんでまだ妙法山に着かないんだろう」と不審に思いながら、同じことを何度も繰り返した。

天気は雲ひとつない快晴で、とにかく暑かった。陽当たりのいい尾根道は日差しを遮るものがほとんどなく、気温もぐんぐん上がっていた。汗で全身がぐっしょり濡れ、思っていた以上に水を消費した。

ようやく妙法山に到着したときには午前十時ごろになっていた。シンノ谷からの所要時間は三時間半。自分が思い描いていた行程とはだいぶ違っていたので、「おかしいな」と思い、妙法山の山頂で地図とGPSを取り出してあらためて確認してみた。そこで初めて自分が大きな計算違いをしていたことに気がついた。シンノ谷から妙法山までの標準コースタイムは二時間で、地図上には「2：00」と記されている。ところが、それを「二十分」だと思い込んでしまっていたのだ。完全なうっかりミスである。

「自分で書いた計画表には所要時間を二十分と見込んでありました。地図から転記するときに、二時間を二十分と間違えてしまったんでしょうね。だからゴマ平避難小屋から白川郷まで所要時間も、五時間半どころではなく約八時間かかるわけです。もし八時間かかるとわかっていたら、前日転倒してしまったことを考慮して、中宮道に逃げていたかもしれません。このミスが痛かったですね」

しかも、二時間という標準コースタイムを大幅にオーバーし、実際には三時間半もかかってしまっていた。ペースが遅くなったのは、暑さによる発汗が激しく、思いのほかバテてしまったことに尽きる。出発時に補給した六リットルの水も残り少なくなっていた。この先、地図にはもうせん平に水場のマークが記されているが、煮沸する必要があるとのことなので、あまりあてにはできなかった。

「これはちょっとまずい。少しペースアップしたほうがいいな」

そう思い、膝に再度アイシングと湿布を施し、先を急ぐことにした。

しかし、山頂で小一時間ほど休憩をしたにもかかわらず疲労はあまり回復せず、一度落ちてしまったペースは思うように上がらなかった。妙法山に来るまでに見られた激しい発汗も、行動再開後はだんだん冷たい汗、風邪をひいたときにぞくぞくするような汗に変わっていった。

道は妙法山からいったん下り、もうせん平への登りに差しかかる。重い足取りで登山道をたどっていき、「あともうちょっとでもうせん平だ」と思ったときだった。突如としてふくらはぎの筋肉がピキッとつってしまったのである。

最初は単なるこむら返りかと思った。しばらく痛みに耐えていると、やがて痙攣《けいれん》は収まった。「やれやれ」と思い、再び歩きはじめたのだが、十歩も歩かないうちに今度はお腹の筋肉がつってしまった。それが収まっても、次にまた別の筋肉がぴきぴきとつりはじめた。そのようにして、腕を除く体中の筋肉が順番につっていった。部分的な痙攣は全身へと広がり、もはや歩くどころではなくなってしまった。

残り少ない水を飲んでみたり、アイシングをしてみたりしたが、痙攣はいっこうに収まらなかった。痙攣さえ収まれば、すぐにでも行動を再開したかった。それが無理なようなら、予備日を一日とってあるので、一晩ビバークして体を休めることも考えた。だが、できることといったら、体を硬直させて痛みに耐えること以外になにもなかった。

「このまま痙攣が収まらなかったらどうしよう」

いちばん不安だったのはそのことだ。最悪の場合、救助を要請するしかないという考えが頭をよぎったが、なるべくならそれは避けたかった。

子供のころボーイスカウトに入っていたこともあり、救急法はひととおりマスターしていた。これまでにも、山中でケガ人に遭遇して応急手当てを施したことも何度かある。白山室堂手前の五葉坂で転倒して頭部を切った人に出会ったときには、傷口を消毒し、止血処理を行なった。観光新道で雷に打たれた人に対しては、救助が到着するまでずっと心肺蘇生を続けた。しかし、突如襲った全身の筋肉の痙攣は、なにが原因なのか、どうやったら収まるのかまったくわからず、手の打ちようがなかった。

数時間が経過しても痙攣はいっこうに収まらない。午後四時、これはもういよいよダメだと思い、覚悟を決めた。携帯電話を見てみると、運よくアンテナが三本立っていたので、一一〇番をプッシュした。電話は岐阜県の県警本部につながり、応対に出た警察官に事情を説明するとこう言われた。

「その場でいったん電話を切って待っているように。バッテリーが切れると連絡がとれなくなってしまうので、ほかの人には絶対に電話をかけないようにしてください」

そのとおりにしていると、間もなく高山警察署の署員から電話がかかってきた。

「もしもし、要救助の越村さんですね。どうしましたか」

「もうせん平の手前あたりで全身の筋肉がつり、行動できなくなってしまいました」

「わかりました。自力下山は無理ですか。無理なら救助を要請しますか」

「ええ、お願いします」

「それでは今から救助にとりかかります。今日は条件がよさそうなので、ヘリで救助に迎えると思います。その場所は見通しがきくところですか」

「いえ、森のなかなので、見通しはあんまりよくありません」

「では、ヘリから発見されやすいように、もうちょっと見晴らしのいいところまで出ていてください」

そう言われても、体を動かそうとするだけで、どこかしらの筋肉がすぐにつってしまうので、一歩を前に出すことさえ困難を極めた。それでもなんとか這いずるようにして数十メートルほど先のガレ場まで移動すると、山麓の街が見えるようになった。

その場で待機すること約三十分、天気は徐々に下り坂に向かっているようで、山に雲がかかりはじめた。再び電話が鳴ったので出てみると、県警ヘリに搭乗している隊員が応答した。

「雲がかかってきているので、今日中にヘリで救助できるかどうかはちょっと微妙です。もしかしたらビバークしてもらうことになるかもしれませんが、大丈夫ですか」

ちょうどそのとき、遠くからエンジン音が聞こえてきてヘリが姿を現わした。

「いや、でも今、ヘリが飛んできましたよ」

あとでヘリのパイロットが語ったところによると、このときは気流が非常に悪く、ヘリの性能限界ぎりぎりの状態だったらしい。また、二〇〇九年には岐阜の防災ヘリが救助活動中に墜落するという事故も起きているので、ヘリでの救助にはより慎重になっているという話も聞いた。そういう意味では、この日の救助は見合わされてもおかしくなかったのだが、運は越村に向いていたようだ。

電話を切り、こちらに向かってくるヘリに向かって大きくタオルを振って合図した。だが、近くまでは来るものの、なかなか気づいてもらえない。周辺を行ったり来たりしているうちに、ヘリに搭乗している警備隊員から電話がかかってきた。

「今、どのあたりにヘリが見えますか」

「そのまま、まっすぐ来てください」

「頭上をヘリが通り過ぎましたか」

「行き過ぎ、行き過ぎです。そこで右方向に曲がってください。そう。タオルを振っているのが見えますか」

そんなやりとりの末、ようやく発見されると、ホバリングしたヘリから警備隊員が降りてきて、ハーネスを付けて吊り上げられた。搬送されている間も筋肉の痙攣は収まらず、ひたすら痛みに耐えていた。はじめは白川村でもヘリポートで受け入れ準備を始めていたそうだが、症状が伝えられると「うちの村では対応できないかもしれない」という話になり、結局、高山市内のヘリポートに運ばれ、そこから救急車で病院に搬送された。

診断の結果は「熱中症」であった。それを聞いて、「熱中症の症状って、ああなるんだ」と思った。筋肉の痙攣が熱中症の症状のひとつだとは、思ってもみなかった。

幸い、入院までは至らず、点滴を受けたあとは「帰宅していいですよ」と言われた。ただし、「腎障害を起こしている可能性もありますから、念のために明日、地元の病院に行ってもう一度検査してもらうように」と付け加えられた。

妻には病院に搬送後、連絡を入れたが、最初は事情がよくのみ込めなかったようだ。

「予定ではもう帰ってくる時間だよね。今、どこにいるの」

と尋ねられ、もう一度、事情を説明し直した。夜の九時、妻と両親が車で病院に駆けつけてきてくれて、その日のうちに帰宅することができた。翌日の金沢の病院での再検査の結果は、「異常なし」とのことであった。

ベテランが陥ったうっかりミス

この事故の要因について、越村はコースタイムの計算ミスを真っ先に挙げる。

「二時間のところを二十分と勘違いしてしまったことが痛かった。それをちゃんと計算していれば、行動開始時間を早めるなど、なんらかの対処をしていたと思います」

また、前日の転倒が影響したであろうことも否定しない。

「転倒したあたりは、足の置き場に一瞬迷うぐらいの草が茂っていたので、『面倒な道だな』と思いながら歩いていました。もうすぐ小屋に着く、という油断があったわけではないと思います。だからもうちょっと整備してくれたらな、という気持ちはありますね。ただ、今思えば当日の朝はあまり調子がよくなかったのだと思います。無理をせずに予定を変更し、中宮道に逃げるべきだったのかもしれません」

熱中症になってしまったのは、転倒の影響で体調がイマイチだったうえ、快晴で気温が高く、直射日光を受けながら歩き続けたことが大きい。熱中症についての知識が不足していたこともたしかであり、夏山における熱中症対策の重要性を痛感させられた。

「それと、荷物ももう少し減らせばよかったかなと思いました。水場があまりないルートなので水を減らすことはできませんが、ほかの装備を工夫して軽量化を図っていたら、体力的にはもっと楽だったでしょうね」

当初、この山行には「いっしょに行きたい」と言っていた山仲間がいた。しかし、休みがうまく合わず、結局はひとりで行くことになった。もし同行者がいたら、結果は違ったものになっていたかもしれないことは、越村も認める。

「荷物を少し持ってもらう、水を分けてもらうといった対処のしかたもあったでしょう。ひとりではできないことが、複数いればできますから。そうすればもうちょっとがんばれたかもしれないし、ビバークしたにしても心強かったと思います」

だが、そうは言っても単独行には単独行のよさがある。行動の意思決定ができること、時間に追われないことは、単独行ならではの醍醐味だ。高山植物を愛でながらウイスキーを飲んで昼寝をする、なんてことは、パーティを組んでいたら絶対にできやしない。

「なにより、美しい風景や花をひとり静かに楽しむことができます。しーんという音が聞こえるぐらいの静けさを、より深く味わえるのが単独行という形態だと思います」

岐阜県警の山岳警備隊に救助されたときに、高山署の署員から「これに懲りて山をやめるなんて言わないでくださいね」と言われたそうだが、もとよりそんなつもりは毛頭ない。越村にとってこの敗退はあまりに悔しい体験であり、それを払拭するため、事故の翌週、同じ行程で同じコースに再度挑み、今度は無事、白川郷へと下山した。

もちろん、今も山仲間との山行と単独行とを並行して続けている。

北アルプス・奥穂高岳　二〇一一年十月

ひとりの山の魅力

宮本幸男（仮名・二十六歳）が登山の魅力に目覚めたのは二〇〇七年のことである。

すでに始まっていた富士山ブームに乗っかり、友達と富士山に登ったことがきっかけだった。登山の知識や技術はほとんどなかったが、スニーカーに綿のパンツ、カジュアルウェアのダウンという格好で頂上まで登り切った。そのときに広がっていた山頂からの眺望に、すっかり魅せられてしまった。

翌年、八ヶ岳の硫黄岳―横岳―赤岳を縦走すると、ますますその魅力にはまっていった。以降、八ヶ岳を中心に丹沢や北アルプスなどへの山行を重ね、長野県内の中部山岳には月に一度の割合で足を運ぶようになった。

山の知識や技術の習得は独学で、主に山岳雑誌から学んだ。北アルプスに行くようになってからは、岩登りの技術も必要だと思い、また単純に「おもしろそうだな」というのもあってボルダリングを始め、少なくとも週に二回はクライミングジムに通った。

宮本にとって登山は趣味の範疇にとどまらず、仕事にも影響を及ぼした。登山を始めたころはフリーターとして働いていたが、山にはまっていくうちに仕事でも山に関わりたいと思うようになり、アウトドア関連の会社に就職した。

その仕事の業務形態が、土日が休みの一般サラリーマンとは異なっていたため、休みが友人らと合わず、山へはほとんどひとりで行っていた。好んで登る山も、コース上に鎖場があるような険しい山が多かったので、「危ない目に遭わせてしまうのではないか」と考えると人を連れていくのもためらわれ、あえて誰かを誘おうとは思わなかった。

とはいえ、仲間と登る山を否定しているわけではない。みんなで山に登る楽しさと、ひとりで登る楽しさは、まったく違うものだと宮本は言う。

「たとえば仕事で嫌なことがあったときなどは、ひとりで山に行くとすべて吹っ飛んでしまいます。それが単独行のいいところでしょうか。山で誰かしらに出会えるのも魅力ですね。別に出会いを求めて山に登っているわけではないので、出会えなかったら出会えなかったでかまわないんですが、出会えれば、それはそれで楽しいものです」

強気の計画変更

二〇一一年の十月、恒例となっていた月一回の長野県下への山行は、北アルプスに行くことにした。コースは上高地―涸沢《からさわ》―北穂高岳―奥穂高岳―西穂高岳―上高地。北アルプスの一般登山コースのなかでも最難といわれる奥穂高岳から西穂高岳への縦走をメインにした、二泊三日の計画であった。

十月二日の日曜日の夕方、仕事を早めに切り上げた宮本は、職場からそのままザックを担いで新宿へ向かい、松本行きの特急「あずさ」に飛び乗った。松本には零時前に到着し、この夜は駅から車で二十分ほどのところに住んでいる高校時代の友人の家に泊めてもらった。

翌三日、会社に出勤する友達といっしょに朝六時半ごろ家を出て、車で松本駅まで送ってもらった。松本電鉄で新島々まで行き、バスに乗り換えて上高地には八時半ごろ着いた。天気は晴れ。平日だったがちょうど紅葉シーズンにあたっていたため、上高地周辺は観光客や登山者でにぎわいを見せていた。バスターミナルから梓川沿いの道を横尾までたどり、横尾からゆっくりと涸沢目指して登っていった。

今回は山小屋素泊まりの山行だったので、テントやシュラフなどを持たない代わりに、炊事用具一式と多めの食料を持った。四十五リットルのザックに入れたのは、コンロ、コッヘル、食料四日分（アルファ米とドライフルーツ）、行動食（ジップロックに詰めたシリアル）、水二・五リットル、雨具、ヘッドランプ、地図、コンパス、デジカメなど。防寒具、ツエルト、ファーストエイドキットは持たなかった。

服装は、上は速乾性のあるアンダーウェアと冬用の厚手のフリース、下にはポリエステル製の登山用ストレッチパンツをはいた。ほんとうは薄手のフリースのほうがいいだろうと思ったのだが、持っていなかったので厚手のもので我慢した。

宿泊する涸沢小屋に着いたのは午後二時か三時ごろ。ほかの登山者とはほとんど話をせず、食事を済ませると早めに寝る態勢に入った。紅葉のピークにはまだちょっと早かったが、涸沢は紅葉の名所として知られているだけあって、小屋はかなり混んでいた。寝るときは一枚の布団に三人が横にならなければならず、窮屈さを嫌って廊下の床に直接寝ている人も少なくなかった。紅葉が最盛期を迎える翌週の三連休のときは、一枚の布団に四人を詰め込むことになるだろうと、小屋番は話していた。

あまり寝られないまま、翌四日は朝四時半ごろ起床した。ほかの宿泊客がまだほとんど横になっているなか、自炊室に行って棒ラーメンとマジックライスのピラフをつくって食べた。

行動開始は五時半。まだ薄暗いなかをまずは北穂高岳を目指した。約一時間半ほど北穂沢をつめていき、涸沢と北穂高岳間のちょうど中間地点に差しかかったあたりで、先行していた若い女性二人組に追いついた。いかにも山ガールといった格好をしていたので、宮本は「ほんとうに山ガールっているんだ」と思ったという。

話を聞くと、二人は前夜、同じ涸沢小屋に泊まっていて、今日は北穂高岳を往復するとのことだった。しかし、山に登った経験はあんまりないというので、ちょっと不安を覚えた宮本が「じゃあ、北穂までいっしょに行きましょうか」と提案し、三人でいっしょに登っていくことになった。

北穂高岳の山頂には午前十時前後に到着した。この日も天気は快晴。今までにないぐらいの好天に恵まれ、山頂では遮るものがない素晴らしい大パノラマを満喫した。

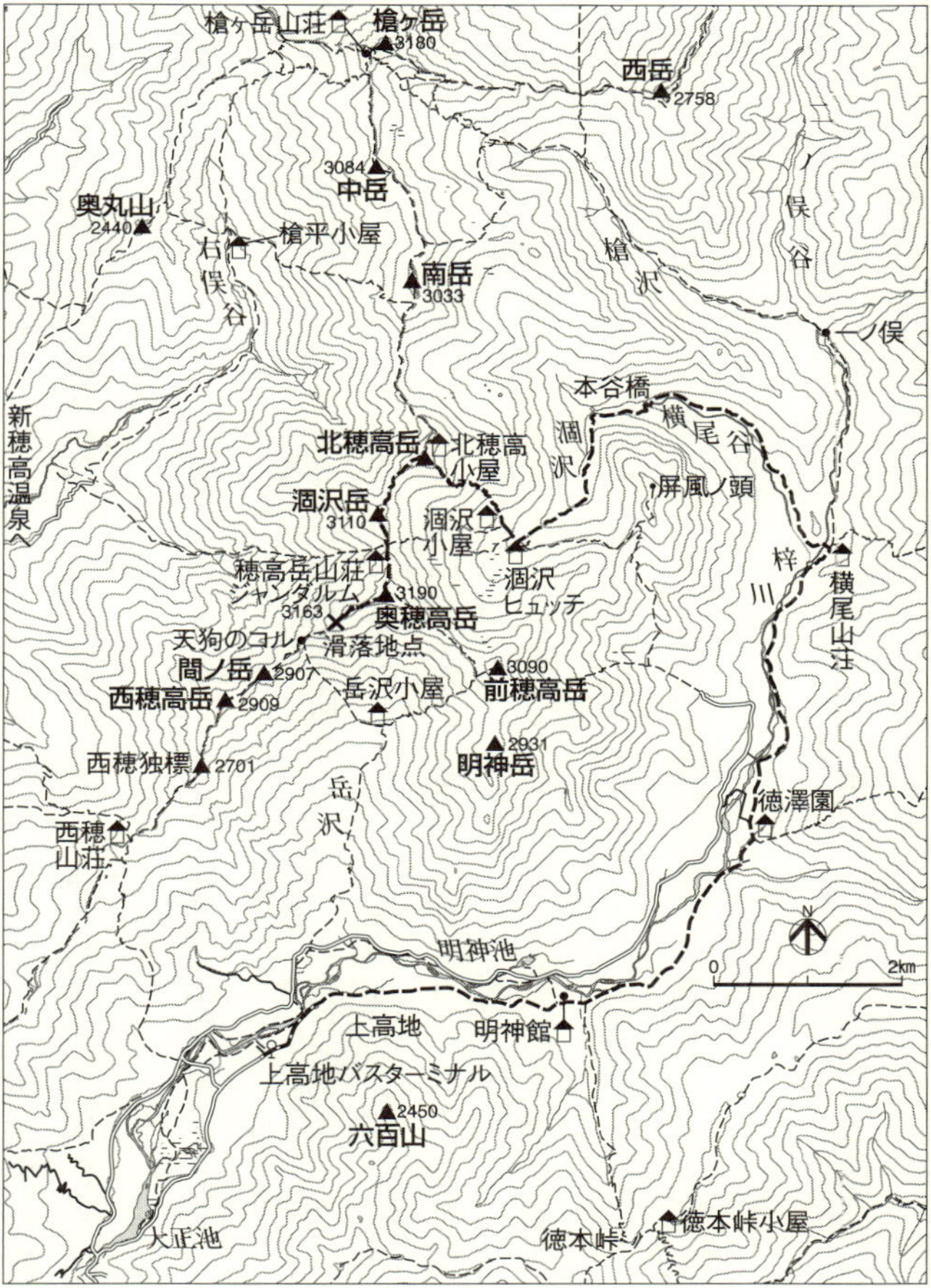

槍ヶ岳山荘
槍ヶ岳
3180
西岳
2758
3084
中岳
奥丸山
2440
右俣谷
槍平小屋
南岳
3033
槍沢
一ノ俣谷
一ノ俣
本谷橋
横尾谷
涸沢
新穂高温泉へ
北穂高岳
北穂高小屋
屏風ノ頭
涸沢岳
3110
涸沢小屋
涸沢ヒュッテ
梓川
横尾山荘
穂高岳山荘
ジャンダルム
3190
3163
奥穂高岳
天狗のコル
滑落地点
間ノ岳
2907
3090
西穂高岳
2909
岳沢小屋
前穂高岳
2931
明神岳
西穂独標
2701
岳沢
徳澤園
西穂山荘
N
明神池
0
2km
上高地
明神館
上高地バスターミナル
2450
六百山
大正池
徳本峠
徳本峠小屋

約三十分後、往路を下る二人の山ガールと別れ、宮本は奥穂高岳への縦走を開始する。ひとりになってからはペースがぐんと上がり、午後一時ぐらいには奥穂高岳の山頂に着いていた。

当初の計画では、この日は奥穂高岳よりも手前にある穂高岳山荘に泊まるつもりでいた。その穂高岳山荘に着いたのが十二時過ぎ。まだ充分行動できる時間帯だったが、この先に進んでしまうと、途中に山小屋がないため、一気に西穂山荘まで行かなければならない。穂高岳山荘から西穂山荘までの標準コースタイムが約八時間であること、早発・早着が登山の原則であることを考えると、計画どおり穂高岳山荘に泊まるのが当然の判断だろう。

だが、宮本は「先に進む」という選択をしてしまう。

「ここに泊まるか、先に行くか、迷いはありました。でも、六日からは仕事に行かなければならないので、前日はなるべく早く下山してのんびりしたいと思ってしまったんです。この日のうちに距離を縮めておけば、五日は西穂山荘から上高地に下るだけですからね」

標準コースタイムと歩くペースからして、西穂山荘に着くのは日没ぎりぎりかな

馬ノ背からジャンダルム（奥の岩峰）へと続く岩尾根

という気はしたが、疲れはまったく感じておらず、体力的にはまだまだ余裕があった。絶好の天気のもと、展望が終始素晴らしかったことも、強気の判断を下すあと押しをした。

「今から考えると、軽い気持ちで『行っちゃえ』って決めちゃったと思います」

岩尾根から転落

奥穂高岳から西穂高岳へ向かう稜線をたどりはじめると、山頂でのにぎわいが嘘のように、とたんに登山者がいなくなった。コースの様相もがらりと変わり、岩屑だらけの岩稜は「これが道なのか」と思ってしまうほどで、ザックを置いて休む場所さえなかった。

高度感のある馬ノ背のナイフエッジを過ぎたあたりで、西穂高岳方面から縦走してきた二人組のパーティとすれ違い、挨拶を交わした。基部をトラバースしてジャンダルムを過ぎると腰を下ろせそうな場所があったので（コブ尾根ノ頭だと思われる）、そこで短い休憩をとることにした。ザックを下ろし、岩の上に腰かけて行動食を食べ、水を飲んだ。

ジャンダルムから奥穂高岳山頂を望む。右手前にロバの耳の岩峰

時刻は午後二時ごろ。奥穂高岳から一時間ほど歩いてきて思ったのは、稜線の両側はすっぱりと切れ落ちており、岩稜とガレ場の連続で浮き石も多く、たしかに緊張を強いられるコースだなということだった。しかし、想像していたほどの手強さは感じなかった。クライミングジムでボルダリングの練習をしていたせいもあったのだろう。

「正直、『楽勝じゃん』みたいな感じでした。このときがいちばん油断していたっていうか、すごく気が緩んでいたように思います」

当時を振り返りながら、宮本はそう言った。

十分ほど休憩したのち、立ち上がってザックを背負い、行動を再開した。その先は、信州側を巻くようにルートがつけられていた。

歩きはじめてわずか十秒か十五秒後のことだった。よくは覚えていないのだが、たぶん不安定な浮き石の上に足を置いてしまったのだと思う。次の瞬間、足を持っていかれてバランスを崩してしまった。「あ、ヤバい」と思い、とっさになにかにつかまろうとしたが、つかめるものはなにもなかった。

谷側は切れ落ちてはおらず、傾斜のある斜面になっていて、そこをゴロゴロ数回転がったあと、すとんと落下した。落ちた距離は約五メートル。下には大きな岩があり、その上に思い切り股間から叩きつけられた。

「激痛のあまり、ギャーッと大声で叫びました。あれほど痛かったのは、また、あれほど大声で叫んだのは、生まれて初めてのことでした。でも、心のどこかに冷静な部分もあったようで、あわよくばその叫び声が誰かに聞こえてくれればいいなとも思っていました」

激痛に耐えながら、しばらくその場でうずくまっていた。自分でも気が動転しているのがわかった。どれくらい時間が経っただろうか、ようやく体を動かせるようになってまずしたことは、傷のチェックである。右手の中指が痛むので見てみると、脱臼していたので、自分で無理やり関節をはめ込んだ。激痛が引かない股間を恐る恐るのぞき込んでみると、性器からの出血が見られた。

「小便のような出血でした。それも血尿ではなく、皮膚を深く切ったときに出るような真っ赤な血が流れ出ていました。あとから考えれば、変に頭や内臓をやられるよりはよかったんですけど、そのときはさすがに『うわ、うわ、うわっ』ってビビってしまいました」

右足の感覚もなかったが、動かせるから骨には異常がなく、ちょっとひねったぐらいに考えていた。

落下した場所は地形が入り組んでおり、周囲を岩に囲まれた谷のようなところだった。ただ、下方の岩に隠れるか隠れないかのところに、かろうじて岳沢《だけさわ》小屋が見えていた。

行動不能とまでは至っていないが、体に受けたダメージは大きく、自力下山はできそうになかった。このときすぐに救助要請をしなかったのは、目印になるものが周囲になにもなく、ヘリコプターでの捜索・救助は難しそうに思えたからだ。また、もう少し自分でどうにかしなくちゃという気持ちもあった。とにかくこのままここにいたら、誰にも発見されずに死んでしまうだろうと思い、この場から脱出する方法を考えた。

最初に試してみたのは、登り返してみることだった。稜線に出れば、通りかかった登山者に救助を要請することができる。それがいちばん手っ取り早いように思えた。だが、立ち上がって岩に取り付いたとたん、股間に激痛が走った。股間が痛くて踏ん張ることができないのだ。そんな状態では、とても稜線まで登っていけそうにはなかった。

ならばと、今度は岳沢ヒュッテが見える方向に下りていくことにした。不自由な体でザックを背負うのはキツかったが、一晩ぐらいのビバークは覚悟していたので、ザックを置いていくわけにはいかなかった。

岩場をクライムダウンするように、下りられそうなルートをよく見極めながら慎重に下りていった。右足はまだ感覚がなく、足に力を入れるたびに股間が痛んだが、それでも登るよりは下るほうがまだ可能だった。

ある程度の傾斜があっても、オーバーハングになってさえいなければ、下りられる自信はあった。ただ、岩のもろさには手を焼いた。一度だけ、足場が崩れて再び滑落しそうになったが、とっさに岩につかまって停止した。この滑落で、はめていたグローブの手のひらの部分の表革が全部剝がれてしまった。このときもし止まれなかったら、今度こそほんとうに死んでいたと思う、と宮本は言う。

しばらく下っていくと開けた場所が見えたので、そこまで行って救助を待とうと決めた。近そうに見えて遠かったが、どうにかその場所にたどり着くことができた。下りはじめて約二時間が経っていた。そこから先は、もうとても下っていけそうになかった。

「険しい岩場を下っていくという選択肢が、よかったのか悪かったのかはわかりません。とにかく開けた場所、発見されそうな場所に出ようという一心で、ある程度のリスクを冒すのはやむえないと思ってました。滑落せずにすんだのは、いま振り返ると、火事場の馬鹿力だったのかなと思います」

その場所からは、岳沢小屋がもっとよく見えるようになっていた。ドコモの携帯電話を取り出してみると電波が通じていたので、救助を要請するために一一〇番通報をした。

厳寒のビバーク

最初に県警本部にかかった電話は管轄の松本署に転送され、応対に出た救助隊員に「穂高で滑落して遭難しちゃいました」と告げた。

「場所はどのあたりですか?」

「奥穂から西穂へ向かっていく途中、ジャンダルムを過ぎたあたりです」

「頭は打っていますか?」

「いえ、大丈夫です」

「その場所からなにか見えますか？」

「岳沢小屋が見えています」

そこでいったん通話を切られたが、間もなくすると相手から電話がかかってきた。

「今日はもう時間的にヘリのフライトはできないので、そこでビバークしてもらうことになります。あなたの電話番号を、そこから見える小屋の人に教えるので、電話がかかってきたら出てください」

しばらくすると、今度は岳沢小屋の小屋番からの着信があった。まず「ちょっと叫んでみて」と言われたので、「おーい」と大声で叫んだ。さらにヘッドランプを点滅させるように指示を受け、そのとおりにした。このころには夕闇が迫りつつあったので、ヘッドランプの灯りが山小屋にも届いたようだった。

「うん、場所はわかった。明日は朝九時ごろから雨が降るという予報なので、万が一、雨でフライトできなかったら、待ってもらうことになる。でも、それまで天気は持つだろうから、朝六時ごろには警察のヘリが救助に行けると思う」

小屋番との通話を終えたあとは、携帯電話の電源をオフにした。警察の救助隊員からは、「携帯のバッテリーがなくならないように、明日の朝五時五十分までは電源を切っておくように」と言われていた。

夜の気温はマイナス十五度まで下がり、しかも風も強かったので、体感温度はマイナス二〇度以下になっていたものと思われる。そんななかでの、ツエルトも防寒具もないビバークは厳しいものとなった。着られるものといえば雨具のみで、少しでも風よけになればと、雨具のズボンを着込み、空にしたザックの中に足を突っ込んだ。ウインドブレーカー代わりに行動中に羽織っていた雨具のジャケットは、滑落時にあちこち破けてしまったが、そのまま着ていた。ただひとつ幸いだったのは、冬用の厚手のフリースを着ていたことだ。

「これが薄手のフリースだったら、体力の消耗度が全然違っていたと思います」

ビバーク中、一度だけ携帯電話の電源を入れ、母親に遭難してしまったことを報告した。

「実は山でちょっと落ちちゃってね。今、山のなかでビバークしているんだ。でも、明日の朝にはヘリコプターで救助に来てくれるから、大丈夫だと思うよ。携帯のバッテリーがそんなにないんで、もう切るね」

息子からいきなり「山で遭難した」と言われ、母親はどれだけ驚き、心配したことか。「やめてよ、ほんとにやめてよ」と言いながらおろおろする母親の様子が電話越しに伝わってきて、申し訳ない気持ちでいっぱいになった。

ビバークしている場所からは、岳沢小屋や上高地の宿の灯りが見えた。灯りは人の営みの象徴である。それが見えていたのは心強かった。

見上げれば、満天の星が広がっていた。その美しさは、かつて見たことのないほどだった。「なんでこんなときにかぎって」と思うと笑いをこらえきれなくなり、ひとり声を出して笑ってしまった。

無数に瞬いている星のどこかから、なぜかUFOが飛んできそうな気がした。そのUFOが、この場から自分を連れ去ってくれないかなと思った。つい荒唐無稽な話を空想してしまうぐらい、あまりにも星がきれいだったし、また「助かりたい」という気持ちも強かった。

ビバーク中に何度も繰り返し頭をよぎったのは、「友達や親に迷惑をかけることになってしまったな」ということだった。

「もし自分が松本の友達の立場だったら、たぶん家に泊めたことを後悔するだろうなと思ったので、後悔させないためにも絶対に死ねないと思いました。それに、親孝行もまだできていませんでしたしね。気持ちが折れると弱気になってしまうので、絶対に死ぬものかという気持ちでした」

夜中の二時ごろのことである。尿意を覚え、立ち上がって用を足そうとしたときに、股間に激痛が走った。それでも尿意はガマンできないので、激痛に堪えながら用を足した。そのときにヘッドランプを点けてみると、小便は血の色で真っ赤だった。「あーあ」と思いながら、ふと周囲を見回してみて思わずギョッとした。あたり一面が血だらけになっていたからだ。性器からの出血は、それほどひどいというわけではない。なのに、そこここに血が飛び散っていた。

腑に落ちないものを感じつつ、再び腰を下ろしてザックの中に足を入れようとした。そのときに「あれ?」と思った。ザックの中が濡れているのは、足が蒸れて汗をかいたからだろうと思っていたのだが、もしかしたら……。

ヘッドランプでザックの中を照らしてみると、真っ赤な血がたぷたぷと溜まっているのが見えた。慌てて右足のズボンをめくってみると、大きなスプーンですくったように脛の肉がえぐりとられていて、ぐちゃぐちゃになった傷口からまだ出血が

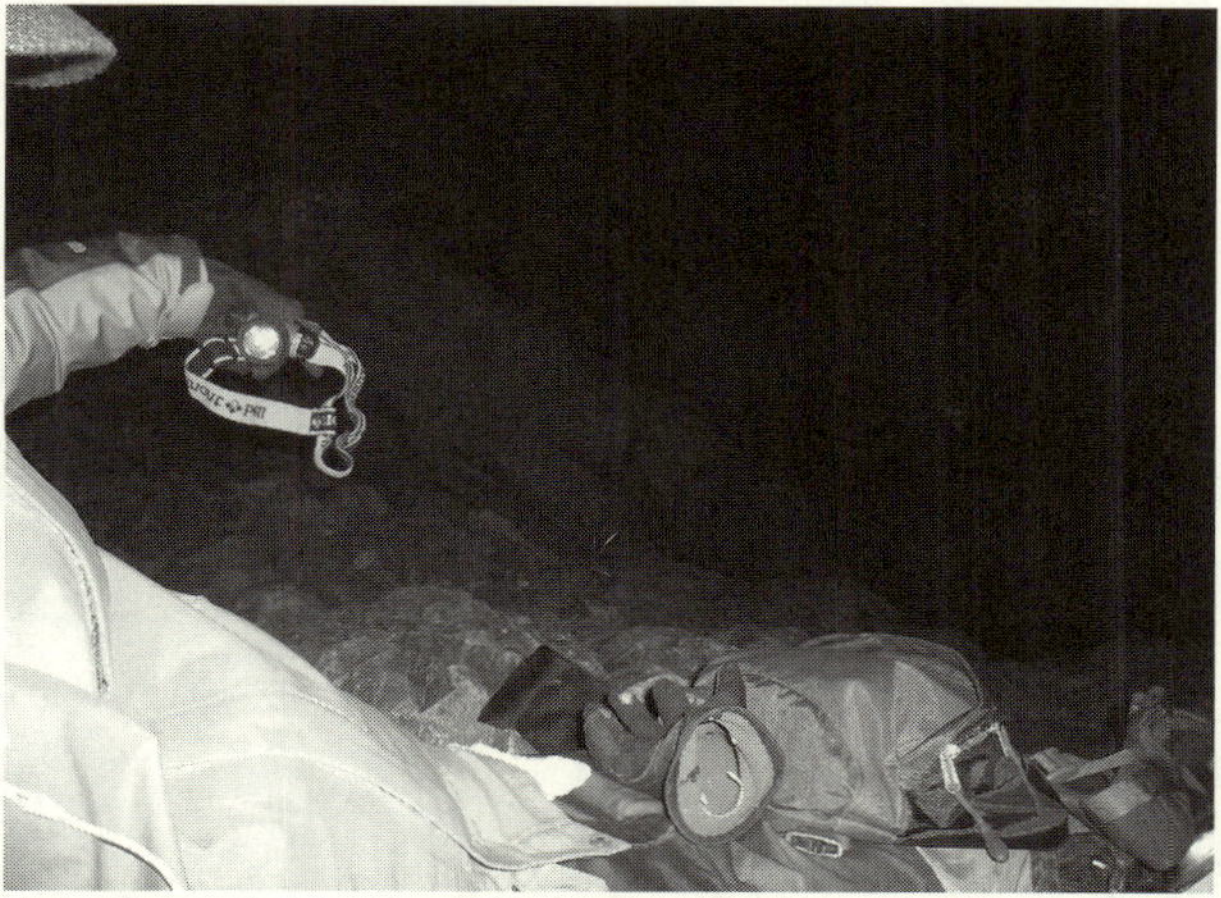

寒さと痛みに耐えながら、岩棚で一晩を過ごす

続いていた。岩場を下っていたときは足の感覚がなく、片足を引きずっている状態だったが、これほどひどいケガを負っていることにはまったく気づかなかった。

動転しそうになる気持ちを努めて落ち着かせながら、どうしようか考えた。応急手当てをするためのファーストエイドキットは持っていなかった。なにか代用できるものはと探してみたら、職場でしていたズボンのベルトがあった。そのベルトで膝のあたりを締め上げて止血処置をした。足の傷に気づいてからはどうしても神経質になってしまい、朝までに何度か傷を確認したが、出血は完全に止まらなかった。

朝を待つ間、最も辛かったのは寒さだ。とにかく寒さが厳しく、ずっと震え続けていたため、あとになって全身が筋肉痛になった。助かるまでにどれくらい時間がかかるかわからなかったので、ストーブの燃料はできるだけ節約しようとしていたが、夜中の三時ごろ、「あ、もう限界だ」と思い、ストーブでお湯を沸かして飲み、行動食も少し口にした。

暗闇のなかからは、頻繁に落石の音が響いていた。寒さには耐えられたとしても、落石が直撃すれば一巻の終わりである。落石の音が聞こえてくるたびに、少しずつ神経がすり減っていくような気がした。

落石に怯え、ガタガタ震えながら明るくなるのを待つ間に、二回ほど意識を失った。うとうと眠り込んだのではない。二回とも起き上がろうとしていた動作の途中で、意識が遠のいてしまったのだ。

「あまりにも辛すぎるビバークでした。『絶対に死なないぞ』という強気の一方で、もし天気が悪くて救助が来てくれなかったらと考えると、気が狂いそうになりました。それを想像すると、自殺しても不思議ではないと思いました。実際、来てくれなかったら来てくれなかったで、逆に『絶対に生き延びてやる』という気持ちが強くなるのかもしれませんが。とにかく、それくらいの精神状態でしたね」

初めて実感した自然の怖さ

朝五時半ごろになって、ようやく空が明るくなってきた。夜間、山に雲がかかっていたので、「大丈夫かな」と心配だったが、朝になってみると雲はとれていた。風もそれほど強くはなかった。携帯電話の電源を入れて間もなくすると、警察の救助隊員から電話がかかってきて、天気や雲、風などについて尋ねられた。

六時過ぎにヘリコプターが飛んでくるのが見えたときには、「これで助かった」

と思った。ヘリはこちらに向かって一直線に飛んできて、上空でホバリングした。ホイストで隊員が降りてくると、まずケガの状態を聞かれたので、股間と右脛のケガの具合について簡単に説明した。

「じゃあ、このますぐに病院へ連れていくから」

隊員はそう言うと慣れた動作で吊り上げる準備を整え、あっという間に機内に収容された。

松本市内の病院に搬送されてすぐに検査を受け、右脛の傷を縫合した。尿道に内視鏡を入れられたときは、麻酔をしてくれていたのだがまったく効かず、滑落したとき以上の激痛に思わず悲鳴が漏れそうになった。

診断の結果は、尿道損傷、右脛の創傷、それに中指の脱臼。尿道は辛うじてつながっているような状態で、もしこれが完全に切れていたら、カテーテルをつけることになっていたかもしれないと言われた。

話を聞くかぎり、かなりの重傷のように思えるが、翌日には退院となり、病院に駆けつけてきた父親といっしょに特急「あずさ」で帰路についた。

「お医者さんの『しばらく入院だね』という言葉を待っていたんですけど、最後の最後まで出てきませんでした。電車に乗っているときはすごくツラかったです。もうちょっと入院させてほしかったですね」

帰ってからはしばらく通院生活を送り、仕事は丸々一カ月休むことになった。

約四年間の登山経験のなかで、多少の危ない目に遭ったことは何回かあるが、自然の怖さを実感したことは一度もなかった。それがこの事故によって、自分が思っていた以上に自然は怖いものだということを思い知らされた。

事故を振り返って、「やっぱり山をナメていたと思う」と宮本は言う。

「体力的には問題なかったと思っていましたが、それは興奮していたからかもしれません。天気がよくて景色が素晴らしいと、ハイな状態になって、その気分に引きずられちゃうっていうか。それを抑えられなかったことがいちばんの要因でしょう。二日目に計画を変更して西穂山荘まで行こうとしたことがまさにそうですよね。判断力に欠けていました。それと、装備が不充分だったこともすごく感じました。ツエルトひとつ持っていれば、ずいぶん状況は変わっていたと思います」

また、この事故では、宮本が思っていた以上にいろいろな人に迷惑をかけることになってしまった。警察の救助隊員や山小屋のスタッフ、親、友達、職場の仲間などに、自分のせいで余計な仕事を増やしてしまったことが、とても心苦しかった。

「それを感じたから、山をやる以上は、ほかの人に絶対迷惑をかけないように、という気持ちになりました。登山届や山岳保険の必要性が、よくわかりました」

滑落して救助を待っているときは、「山は怖いからもうやめよう」と思っていたはずなのに、松本の病院から家に帰る電車の中では、早くも「やっぱりまた行きたいな」という思いが湧き上がってきていた。傷が癒えてからは、ボルダリングと低山への山登りを再開した。

「僕の場合、山に行きたいがために、がんばって働いている部分があります。がんばれる理由のひとつが山なんです。それをやめたらどうするんだという話ですよね。一般の人には理解できないかもしれませんが、山に登ってあの景色を一度見てしまうと、もうそこから足を洗うことはできません」

単独行は、これからも続けていくつもりだ。

尾瀬・尾瀬ヶ原　二〇一〇年一月

復帰のためのトレーニング山行

社会人山岳会に所属する森廣信子（五十四歳）が、二〇〇九〜二〇一〇年の年末年始の個人山行を尾瀬で行なうことにしたのにはわけがある。

その前年の二〇〇八年九月、森廣は二人パーティで飯豊《いいで》連峰の胎内川を遡行中に転落し、背骨を骨折するという重傷を負ってしまった。受傷時はまさか背骨が折れているとは思わず、救助要請をせずにどうにか自力で下山したので、遭難事故扱いにはならずにすんだ。しかし、その後数カ月間は背骨を固定したまま安静にしていなければならず、〇八〜〇九年の冬山シーズンをまるまる棒に振ることになった。

傷が癒え、ようやく山にも復帰して迎えた翌シーズンの年末年始、本来なら好きなアルパインクライミングに行きたかったのだが、トレーニングがほとんどできていないまま、いきなり本番に挑むのはさすがにためらわれた。

「では、なにができるかといったら、まずはラッセルだろうと。人が入っている山は、トレースを追いかけるだけだから意味がありません。トレースがついていなくて、それでいてある程度、安全に行ってこられるところはどこかと考えたら、尾瀬だったんです。通い慣れた南アルプスに行くことも考えましたが、この年の年末は全般的に暖冬で雪が少ない傾向だったので、ラッセルのトレーニングにはならないだろうと思って、尾瀬にしました」

二〇〇九年十二月二十九日、仕事を午前中で終えた森廣は、上越新幹線で上毛高原駅まで行き、バスに乗り継いで終点の尾瀬戸倉から入山した。歩きはじめたときにはすでに夕暮れ近くなっていたため、この日の行動時間は三十分ほど。車道をたどっていってスノーパーク尾瀬戸倉（旧尾瀬戸倉スキー場）を過ぎ、横から沢が入っているところにテントを張った。

計画は、尾瀬ヶ原を突っ切って景鶴《けいづる》山に登り、外田代のほうに下りて山ノ鼻から鳩待峠《はとまち》へ抜けるというものだった。ただし、外田代から山ノ鼻へ出るには猫又川を渡らなければならないのだが、猫又川には橋が架かっていないので、雪に埋もれていなければ渡ることができない。もし入山してみて雪が少ないようなら、臨機応変に対応するつもりでいた。下山予定日は予備日も含めて一月三日に設定した。

装備はテント、シュラフ、マット、ガスストーブ、燃料、ピッケル、ワカン、地図、コンパス、防寒具（薄手のダウンジャケット）など。食料はアルファ米、ペミカン（肉や野菜をラードで煮た保存食）、インスタントラーメンを山行日数分プラス予備一日分持った。積雪期の食料計画は、アルファ米とペミカンの組み合わせがいちばん楽だと森廣は言う。装備の総重量は約十五、六キロで、容量六十リットルのザックがほぼいっぱいになった。

翌三十日は、林道伝いに富士見峠を目指した。富士見下まではほとんど雪はなく、スニーカーでも歩けそうなぐらいだった。田代原のあたりまで来ると積雪が深くなってきたので、ワカンを装着した。ほかにトレースはまったくなく、林道についていたスノーモービルのトレースも田代原の下で終わっていた。雪の深さは、ワカンをつけて膝ぐらいまで。富士見峠を越えて長沢道を下るようになると、もうちょっと深く潜った。

この日は竜宮十字路の手前、尾瀬ヶ原の一角に出たところで日没近くとなり、行動を打ち切った。天気は一日もって、幕営地近くからは燧《ひうち》ヶ岳がくっきりと見えた。

ふだんの山行でも同じだが、行動中はほとんど時計を見ず、そろそろ日没じゃないかなというときになって初めて見るぐらいだという。そのため、途中のポイントの経過時間や所要時間などははっきりわからないが、行動時間は十時間以上に及ん

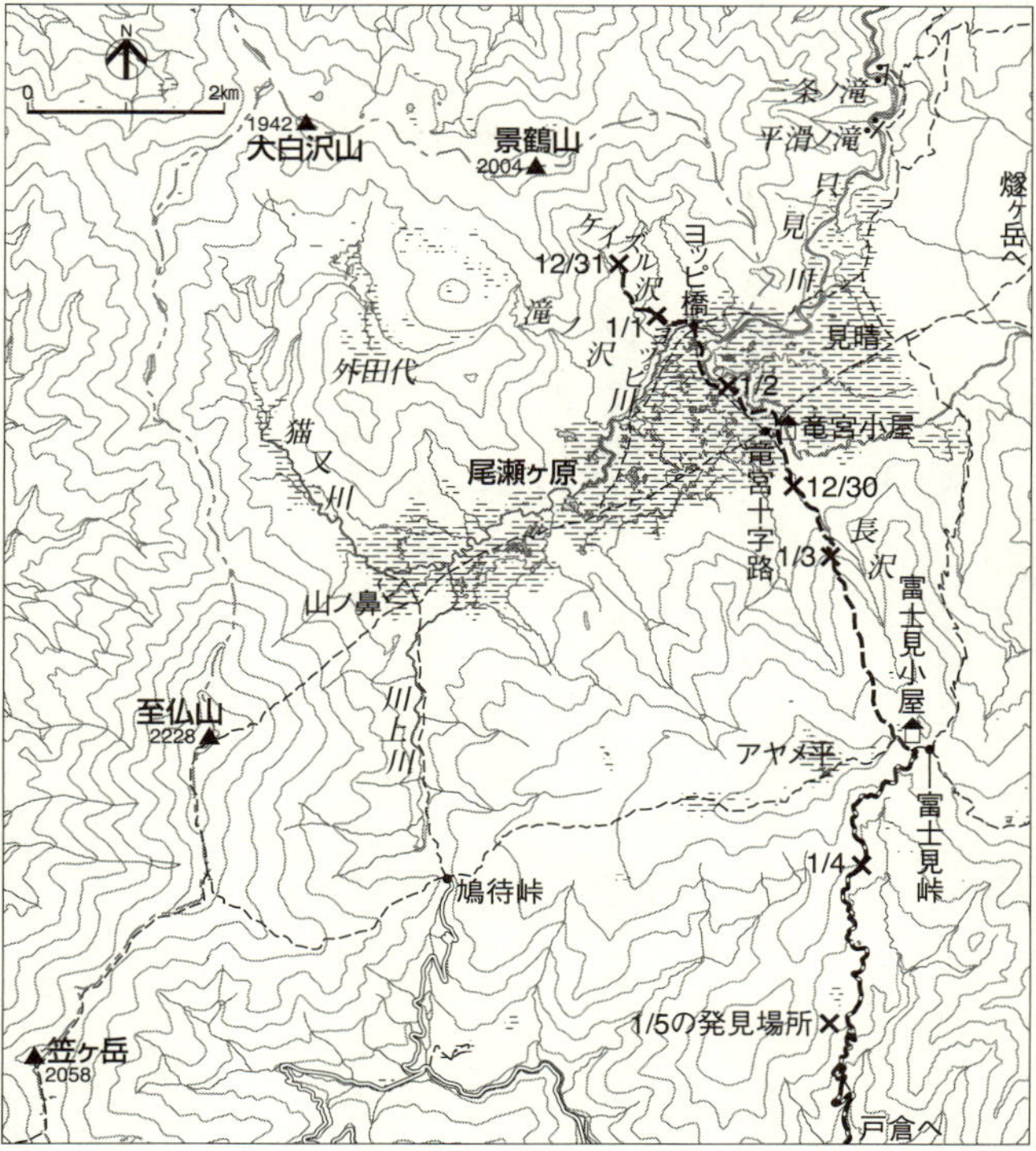
N
0
2km
1942
大白沢山
景鶴山
2004
三条ノ滝
平滑ノ滝
只見川
燧ヶ岳へ
ケイズル沢
12/31
ヨッピ橋
1/1
滝ノ沢
ヨッピ川
見晴
外田代
1/2
竜宮小屋
猫又川
尾瀬ヶ原
竜宮十字路
12/30
長沢
1/3
山ノ鼻
富士見小屋
川上川
至仏山
2228
アヤメ平
富士見峠
1/4
鳩待峠
1/5の発見場所
笠ヶ岳
2058
戸倉へ

だと思われる。

大晦日の天気は曇り。朝食のインスタントラーメンを食べてテントをたたみ、尾瀬ヶ原の縦断にとりかかった。竜宮十字路のあたりからは、ほぼ沼尻《ぬしり》川に沿ってくねくねと歩いていった。尾瀬ヶ原の積雪は少なく、潜っても足首ぐらいまでだった。

「意外と潜りませんでしたね。竜宮のあたりで小さな川が雪に埋もれずに出ていたので、猫又川を渡るのはとても無理だと思い、その時点で計画を変更し、外田代へは下りず、景鶴山を往復することにしました」

ヨッピ橋を渡り、林のなかを行くようになると若干雪は深くなったが、膝まで潜ることはなかった。ケイズル沢に出て、沢をしばらく登っていったところで行動を終え、テントを張った。行動時間は前日よりもちょっと短く、八時間ほどの見当だった。

山行前に見ていた天気予報では、低気圧と寒気の影響により、この日の夜から雪が降り出すという予報が出ていた。ラジオは持っていたが、山に囲まれていて電波が届きにくいせいなのか、天気予報を聞くことはできなかった。それでも観天望気である程度の予想がつき、降雪になることは間違いないと思っていた。今後の行程

12月30日、晴天で燧ヶ岳がくっきりと見えた。尾瀬ヶ原の一角より

については、その降り方によって決めるつもりだった。

「あまり降らなければ、景鶴山に登って同じルートをもどる。降ったら即、引き返す。という作戦でした」

日が暮れて間もなくすると、予報どおり雪が降り出し、やがて大降りとなった。その降り方がハンパじゃなかったと、森廣は振り返る。

「雪がテントに当たる音が尋常じゃありませんでした。ザーッっていう音なんです。これが雪の降る音か、って思ったぐらいでした」

ところが音はすぐに聞こえなくなった。雪がやんだわけでない。テントが雪に埋まってしまったのだ。

「あ、埋まった」と思って慌てて外に飛び出し、テントの上と周囲に積もった雪を払いのけた。ところが、テントの中にもどってきてしばらくするうちに、また音が聞こえなくなった。最初のうちはそのたびに外に出ていって除雪をしたが、いくらやってもキリがないので、途中からそのまま放っておくことにした。

この時点で景鶴山に登るのは無理だと判断し、明朝、明るくなったら撤退することを決めた。

降り続く雪

二〇一〇年の元日の朝は、雪に埋没したテントの中で迎えた。一晩で一メートル以上の積雪があり、しかも雪はまだやんでおらず、依然として激しく降り続いていた。

「尾瀬でこんな雪の降り方をしたのは、何年かぶりぐらいだったんじゃないでしょうか」

出発準備を整え、ザックを背負い、最初の一歩を踏み出したとたん、胸まで雪に潜った。

「こりゃあ、ダメだ」

想定外の積雪に、つい溜め息が漏れた。が、下山予定日を三日に設定しておいた以上、停滞しているわけにはいかない。この状況から脱出するには、少しずつでも自力で進む以外になかった。

激しい降雪により、視界は二十メートルほどだっただろうか。立ち木がかすかに見える程度で、その木がみんな同じように見えた。たどっているルートには緩い傾斜がついているのだが、ホワイトアウトに近い状況のなかで、傾斜がついているのかどうかもわからなくなるぐらいだった。

来たルートをもどって再び尾瀬ヶ原に出るには、ヨッピ川を対岸に渡らなければならないのだが、そのための橋はヨッピ橋しかない。ちょっとでも遠回りをすると、それだけ時間がかかるし、体力も消耗してしまう。そこで、最短距離でヨッピ橋に出られるよう、出発前にヨッピ橋の方向にコンパスをセットしておいた。そのコンパスをいちいちポケットから出すのは面倒なので、いつでもすぐ取り出せるように手袋の中に入れ、こまめに方向を定めながら進んでいった。

ラッセル中は時間や距離をほとんど意識せず、ただ無心に雪をかき続けた。ぼんやりと「同じような風景がずっと続いているなあ」と思っているうちに、あたりが薄暗くなってきた。「あれ、もう夕方かな」と時計を見てみると、やはり夕方になっていた。

その日の幕営地点ははっきりしないが、進めたのは直線距離にして一キロそこそこだったようだ。結局、林のなかから抜け出ることはできず、ヨッピ橋までもたどり着けなかった。

1月1日、激しい降雪で視界が利かないなか、一日中ラッセルするが林のなかから抜け出すことはできなかった

「さすがに『これはマズいな』と思いました。この時点でもう、下山予定日までに帰るのは無理だと思ったけど、どうしようもありません。じゃあどれくらいかかるのか、という問題です。とにかく歩き続けるしかありませんよね」

山岳会の留守番部隊に連絡をつけようにも、連絡手段がなかった。携帯電話は、コストの問題からふだんから持っていない。よしんば持っていたとしても、四方を山に囲まれている尾瀬では、電波が届かない公算のほうが大きかった(実際、携帯各社ともほとんどの場所で通話できないという)。

翌二日になっても、雪はやむ気配を見せなかった。前日と同じような、激しい降り方だった。

「冬型の天気になると、尾瀬でも一週間ぐらい雪が降り続くこともあるんだから、しょうがないな」と思うことにした。

朝からラッセルを続け、午前中になんとかヨッピ川にたどり着くことができた。問題は、ヨッピ橋がどっちにあるか、だ。最初は右のほうに行ってみたが、川の屈曲のしかたに見覚えがないように思え、「こっちじゃないな」と判断して引き返した。次に川に沿って左側に行ってみると、間もなくして橋が見えてきた。

橋の両側のたもとには、二日間の降雪により雪がこんもりと積もっており、大きなキノコ雪のような状態になっていた。その雪の塊をピッケルで切り崩し、板を外してある橋桁を慎重に渡り、対岸に着いたらもう一度雪の塊を崩してようやくヨッピ橋を渡り終えた。来たときには苦もなく渡れたのに、もどるときは渡るだけで一時間もかかってしまった。

ヨッピ川を渡ったあとは、尾瀬ヶ原の雪原を縦断していくことになる。沼尻川沿いにくねくね歩いていけば方向を誤ることはないが、時間がかかってしまうので、できるだけ直線距離を進みたかった。しかし、ガスと降雪で視界がきかないため、「コンパスを頼りに進むしかないのかな」と考えていたときに、一瞬見通しがよくなって、川沿いにある抛水林が見えた。尾瀬ヶ原は沼尻川沿いに抛水林が張り出しており、その抛水林の点と点を結んでいけば、ほぼ直線距離で富士見峠への登り口に出ることができる。抛水林はまたすぐに見えなくなったが、進むべき方向がわかったので、まずはその抛水林のほうに向かってラッセルしていった。

雪の深さは、ケイズル沢よりも若干浅く、お腹のちょっと上ぐらいまでだった。ときどきガスが切れて抛水林が見えたため、方向を誤ることはなかった。それでもあまり距離は稼げず、ヨッピ橋と竜宮十字路の中間地点のあたりでタイムアップとなった。テントを張り、風上側に風よけのブロックを積んでこの日の行動を終えた。

昨日、今日と、行動中はなにも食べていなかった。行動食を食べるにはザックを下ろさなければならず、そうすると深い新雪のなかでまたザックを背負うのがひと苦労なので、ザックは一度も下ろさずにラッセルを続けた。休むときも、立ち止まって息を整える程度にした。それがいちばん合理的だった。

行動食はまるまる残っていたし、予備の食料も一日分あった。体力的にもまだまだ余裕があり、時間さえかければ無事に下山できることは間違いなかった。ただ、下山予定日は明日三日、猶予はあと一日だけである。とにかく時間だけが足りなかった。

一月三日の朝も雪だったが、前日までと比べると降り方が弱くなっていて、空も明るさが増していた。風上側に積んでおいたブロックは、ほとんど風で飛ばされてなくなっていたが、そのおかげである程度はテントが埋没するのを防ぐことができた。

「今日は天気が回復するかもしれないな」と期待しながら準備を整え、幕営地をあ

1月3日午後にはようやく天気が回復。ラッセルの跡を振り返る

1月4日、富士見峠への登りから振り返った尾瀬ヶ原

とにした。黙々とラッセルを続け、竜宮十字路のあたりまで来るのに昼過ぎぐらいまでかかった。案の定、そのころには雪がやみ、周囲の見通しもきくようになっていた。

目標を定めるべくもなく、登るべき尾根が見え、その方向に向かって歩いていった。天候が回復したことで、少しは状況がよくなったかのように思えた。だが、ラッセルの負荷までが軽減されるわけではない。腰以上の深いラッセルをひとりで続けなければならないことに変わりはなく、富士見峠への尾根に取り付いて少し登ったところで日没となった。

結局、下山予定日には帰れなかった。連絡手段がないため、戸倉まで下りないことには、下山遅れを山岳会の留守番部隊に伝えることはできない。いちばん懸念されたのは、下山予定日に下山しないことを心配して救助要請が出されてしまうことだった。ただ、今日中に帰っていないことが明らかになり、最終的に下山していないことの確認をとるはずだから、動きだすとすれば明日からだろうと思っていた。

「会の留守番部隊が出ちゃったら出ちゃったで仕方がない、という心境でした。大雪で計画を変更したことは伝わっていないから、外田代のほうを捜しちゃうのかなあ。そうするとちょっと困るなあ、なんて思ったり。自分のなかでは、このぶんでは明日も下山できず、明後日の五日になるかなあという気がしていました。まだ先は長いですよね。でも、先の見通しがある程度立ってきたので、少しは気が楽になりました」

翌四日は快晴となった。富士見平へ続く尾根は地形が緩やかなので、視界がないなかで尾根の中心を探しながら登っていくのは容易なことではない。富士見峠の周辺でも、見通しがきかなければルートファインディングに苦労していただろう。しかし、この日は快晴で尾根や周囲の地形が見通せたため、たどるべきルートがはっきりとわかり、そのぶん行程もずいぶんはかどった。

ヘリコプターの音が聞こえてきたのは、富士見峠へ続く尾根を登っているときだった。最初は呑気に「天気がよくなったので、撮影でもしているのかなあ」などと思っていたが、「ん、まてよ。もしかしたら……」という気がしてきた。針葉樹林のなかだったので、ヘリの機体は見えず、当然、ヘリからもこちらは見えていないはずであり、そのうちにヘリはどこかへ飛び去っていってしまった。

ようやく富士見小屋が見えてくるころには陽も傾きはじめ、富士見峠から林道を歩いているうちに真っ暗になった。それでも「夜通し歩いて翌朝までに戸倉にたどり着けば、あまり迷惑をかけないですむかな」と思ったので、ヘッドランプを点けて歩き続けた。

富士見峠までの雪の深さはお腹よりも上、峠を越えてからは膝上ぐらいまでになった。しばらくすれば月が昇ってくるだろうと思っていたが、なかなか月は出ず、ヘッドランプのバッテリーもそろそろ危うくなってきた。おまけに朝からなにも食べずにラッセルし続けていたので、疲労でだんだんと足が上がらなくなってきた。

「これは泊まるしかないな」と思い、アヤメ平の下の雪崩の危険がある箇所だけは通過し、尾根に出たところでテントを張った。時刻は夜の九時。十二時間以上のラッセルはさすがにこたえた。

五日の朝は再び天気が崩れ、雪が降り出していた。「天気が悪化しないうちに急がなければ」と思い、林道をラッセルしながら下っていった。

田代原のあたりで林道の判別がつきづらくなったため、右側の尾根を下りていくと、スノーモービルが林道を上がってくるのが見えた。ほぼ同時に相手もこちらに気づき、近づいてくるや「森廣さんですか」と声をかけられた。やはり山岳会を通して捜索願が出され、地元の救助隊員が出動していたのだった。

スノーモービルの後ろに乗せられて富士見下まで下りると、そこには警察の救助隊員三人と会の仲間二人がいて、今まさに捜索に出ようとしているところだった。

結局、救助隊の出動を避けることはできず、下のスキー場で事情聴取を受けたのちに解放され、仲間とともにその日のうちに帰路についた。

登山計画書と下山予定日

この件に関する森廣の感慨は「長かった」のひとことに尽きる。

「二日間で入ったのだから、三日あれば出られるだろうと思ってましたが、とんでもありませんでした。下山に五日間かかっているわけですからね。そういえば、ふつうだったら五時間ぐらいで登れる尾根を、五人がかりで三日間かけて登れなかったこともあったなあと思い出しました。しばらく深い雪を経験していなかったことも一因かもしれません。ええ、会の仲間には怒られました」

前述したとおり、森廣が年末年始の個人山行の行き先に尾瀬を選んだのは、ラッセルのトレーニングのためであるが、尾瀬には雪崩のリスクがほとんどないということも判断材料のひとつになった。尾瀬ヶ原のような平坦地では、視界が悪いときには迷いやすいというリスクもあるが、地図とコンパスがあれば動ける自信があった。つまり、冬の尾瀬は雪崩の危険が少なく、そのほかの想定されるリスクについても、時間さえかければいくらでも解決できると踏んだわけである。

それを考えて、予備日を含めた下山予定日を一月三日としたのだが、結果的にそのリミットまでに下山できず、救助部隊が動いてしまうことになった。

そもそもこの山行は、尾瀬を歩きに行くだけだから、計画書を会に提出せずに黙って出かけるつもりだったという。しかし、会の代表に「お正月、どうするの？」と聞かれ、「尾瀬のほうに行こうと思っている」と答えたところ、「尾瀬といってもいちおう山なんだから、計画書を出しておいて」と言われたのだった。

「それで仕方なく提出しましたが、出さなきゃよかった（笑）。出していなかったら、誰もなにも知らないまま、五日か六日に下りてきていて、なに食わぬ顔でいられたと思います。ふだんの山行のとき？　夏に調査などで山に入るときは出しませんが、クライミングに行くときには出しています」

登山計画書の提出云々はともかく、下山予定日をもっと遅らせて提出していれば騒ぎにはならなかったはずである。では、一般論として予備日をどれくらいとればいいのかというと、計画や当事者の力量、山のコンディション、天候などによって大きく変わってくるものだから、「だいたいこれぐらい」と一概には言えない。万一のことを考えれば長めにとるに越したことはないが、学生はさておき、現実的に三日も四日も予備日をとれる社会人はほとんどいないだろう。たった一日の予備日も設定せず、予定どおり下山できなければ救助要請をしてまで下山しようとする人もいるぐらいである。たとえ登山計画書には長めの予備日を書き込んだとしても、ほんとうにそれだけとっているのか、という話だ。

また、現実的であるにしろ、ないにしろ、予備日は長ければ長いほどいいというものではない。もし、ほんとうに何かアクシデントがあって行動不能に陥ってしまい、連絡手段もないという状況におかれたとしたら、予備日を長くとっていれば、それだけ救助活動が遅れることになってしまう。

それを考えると、予備日の設定は答えの出ない厄介な問題だと、森廣は思う。自分ひとりで考え、決断しなければならない単独行の場合はとくに。

単独行の理由

森廣の記憶に残っているいちばん最初の単独行は、高校生のときだ。奥多摩で鍾乳洞が見つかったというニュースを聞いて、「じゃあ行ってみようか」と思い、ひとりで出かけていった。鍾乳洞に興味を持ったのは、『洞穴学ことはじめ』(岩波新書)という本を読んでいたからだ。鍾乳洞を見学したあと、時間が余ったので大岳山に登り、御岳まで歩いた。そこで目にしたのが、多種多様な植物であり、生き物であった。このとき以来、もっと山に行って、もっといろいろなものを見てみたいと思うようになった。

もともとは岡山の出身だが、父親の転職にともない東京に引っ越してきた。中学一年生のときに武蔵村山に移り住むと、狭山《さやま》丘陵が格好の遊び場となり、野山を片っ端から歩き回った。自然に親しむ素地はこのころに形成され、のちに植物生態学研究者としての道を歩ませることになる。

山に魅かれた高校生の森廣は、ひとりで奥多摩や丹沢の山に通いはじめた。山に登ることも、ひとりで行くことも、特別なことだとは思っていなかった。

山に登るようになって読図の必要性を感じ、二万五千分ノ一地形図を買ってきて独学で勉強した。地形図を手に現在地を逐一確認しながら山を歩いているうちに、地図を見ただけで地形のイメージが概念として頭の中に入ってくるようになった。また、高校の授業で天気図の書き方を習うと、山とはまったく別の部分でおもしろさを覚え、ラジオを聞きながら天気図をつける練習を繰り返した。約一カ月後には、ラジオ放送終了後、一、二分で天気図が完成するまでになっていた。

大学に入るころには、もっといろいろな面から山を体感してみたいと思うようになり、とりわけ岩登りと雪山をやってみたくなり、山岳部に入部した。北アルプスを歩くだけだったらひとりでも問題ないと思っていたが、岩登りや雪山となるとそうはいかない。山岳部に入ったのは、岩登りや雪山をやるための手段でもあった。

慣れ親しんだ単独行は、山岳部員として活動しながらも個人的に続けていた。丹沢の沢を登りにいくときは、ほとんどひとりだった。部の先輩からは「落ちたら死ぬぞ」と怒られたが、自分では落ちるとは思っていなかった。

とはいえ、ひとりで登っているときに落石を受けて転落するということは充分に起こりうる。そのときにロープをつけていなければ、助かるものも助からない。それこそが、仲間とパーティを組む大きなメリットだ。一方、ひとりで山に行くことの気楽さ、自由さはなにものにも替え難い。なんのためにパーティを組むのか、あるいはなぜ単独行なのか、そのことの意味を、このころからずいぶん考えていた。

大学卒業後は大学院に進み、植物生態調査のため南アルプス赤石岳の百軒平に通い詰めた。調査日数は年間約百五十日にも及び、調査以外ではほとんど山に行けなくなり、クライミングも休止状態となった。大学院を出てからはプライベートな登山も少しずつできるようになり、沢登りやクライミング、冬山などの山行を重ねていった。その傍ら、仕事の延長で奥多摩の山にも足繁く通った。二〇〇〇年ごろに秀峰登高会に入ってからは、会の仲間との山行と単独行を並行して行なうというスタイルが現在まで続いている。

近年の年間山行日数は約八十日で、ひとりで行く調査も含め、そのうち三分の二ぐらいが単独行だ。森廣が実感する単独行のよさは、自分の興味や関心をいちばんに優先できることだという。

「ほかに人がいると、その人との関係にエネルギーを使わなければならないじゃないですか。基本的に人間嫌いなのかもしれませんが、人がいっしょだと要求されることが多くてうるさく感じてしまうんです。それは私が女だということも関係しているように思います。『女だから、ついてくるもんだ』みたいなところがどうしても出てきてしまうから、よけいに要求が多くなるんでしょう。それが納得できる要求ならまだしも、納得できない要求のほうが多くて……。ひとりだったら、そういうものに煩わされずにすみますから」

しかし、「単独行をやめましょう」という呼びかけは昔からいわれていることであり、今も単独行に対する風当たりは一部で強い。

北アルプスの乗鞍岳でハイマツの生態調査を行なっていたときだ。山小屋から一キロほど離れた場所に設置してある日照量の測定機器を月に一回、取り替えなければならないのだが、そこへひとりで行こうとして、山小屋の従業員に止められたことがあった。

「しばらくしたら人が来るから、その人といっしょに行け」

と言って聞かず、どうしても通してくれなかったので、仕方なくそのとおりにしたのだが、釈然としないものがあとあとまで残った。

また、黒部川源流を歩くつもりで高瀬川方面から入山しようとしたときには、登山口で救助隊員らしき男性に計画の変更を迫られた。「このルートは単独では危ない。ふつうの縦走コースに変更してください」というわけである。

「でも、計画を変更すると、予定していたエリアから外れることになりますよね。その外れた部分の地図を持っていないまま山に入っていいのか。それが危ないことだというのをわかっていないんですね。計画を無理やり変更させられて、万一、なにかあったときにどうするんだという話であり、その人の言い分のほうが不自然だと思います」

結局、このときは言われたとおり登山届だけ書き直して入山し、当初の計画どおりのコースを歩いたのだった。

もちろん、パーティを組むことを否定するわけではなく、その意味も自分なりに理解している。たとえば、ロープを使って登るルートでは、ひとりでは効率が悪く、二人以上いたほうが絶対にいい。ラッセルをするにしても、ひとりでやるよりは二人以上のほうがはかどるし、体力的な消耗度も少なくてすむ。そういう意味で、パーティを組むことで山での行動範囲が広がるのは間違いない。

だが、その二つのことを除いたら、単独とパーティを組むのとでは、それほど差がないように思うと、森廣は言う。

「パーティを組んでいたほうが安全、なにかアクシデントが起きたときのリスクが軽減される、というのは怪しい気がします。仲間がいたって自力で歩かなければならないケースはたくさんありますし、雪崩事故のときだって埋まらない仲間がいてくれないことには始まりませんよね。そもそも、まずそうならないようにするのが先決でしょう。助けてもらうことを前提にパーティを組むという考えがあると、自分に対してもアマくなり、逆に危険なのでは。それに、自分が助けられる側になるとは限らず、助ける側になることもありえるわけで、そのときに助けることができるかどうか、ですよね。仲間を助けられるぐらいだったら、ひとりでも大丈夫なんじゃないかと思いますけど」

なぜ単独行がよくないのか。どうしてひとりでは危ないのか。その根拠が薄弱なまま「単独行はやめましょう」という話になっているように、森廣には思えてならない。しかも、それを頭ごなしに信じ込んでいてやめさせようとする人がいるから、よけい理不尽に感じてしまう。そういう人たちには、「もうちょっと自分の頭で考えてみて」と言いたい。事前にしっかり準備をし、ある程度の見通しを持って立てている計画に対し、見も知らぬ人にとやかく言われたくないし、ましてや止められたくはない。

ただ、単独行に限った話ではないが、山に存在するリスクについての対処がすっぽり抜け落ちたまま山を歩いている人たちが少なからずいることはたしかだと思う。ふつうだったら、何度かひとりで山を歩いているうち、山のリスクについて考えるようになり、自分なりにやるべきことがわかってくるものである。ところが、条件に恵まれ、たまたまうまくいくことが続いたりすると、すっかり自立した気になってしまい、リスクに対する考察が往々にして疎かになる。だが、自然は決して自分の思いどおりになるものではなく、いつも予定調和に事が運ぶと思ったら大間違いだ。

「重要なのは、計画した行程全体を通して自分自身を制御できるかどうか。制御できる範囲内だったら、なにをやってもかまわない。だけど、制御できていないということに気づいていないからマズい」

ひとりで山に行くことがほんとうに好きだからこその、世のすべての単独行者への提言である。

■単独行についての考察

本書では、単独行における七件の遭難事例を取り上げ、その経緯を検証してきた。ここでは個々の事例をもう少し詳しく見ると同時に、単独行のリスクと魅力、そしてリスクマネジメントについて考えてみたい。

危機的状況を招く転滑落事故

ひとりで山に登るときに最も陥りやすい危機的状況といったら、やはり転滑落だろう。もちろん転滑落事故は単独行やパーティ登山に関係なく起きているのだが、後述するように事故後の対処がひとりでは限界があるという点で、単独行の場合はよりリスクは高い。

本書の七件の事例のなかにも、転滑落事故は二件ある。

奥穂高岳のケースは、休憩後の行動再開直後、うっかり浮き石に乗ってバランスを崩してしまったことによって起きた。技術的にはまったく問題ないルートだったというが、それが気の緩みにつながったことは本人も認めている。滑落して重傷を負った遭難者は、その場にとどまることをせず、発見されやすい場所を求めて険しい岩場をクライムダウンしていく。幸い落ちることなく、なんとか開けた場所まで移動し、そこから携帯電話で救助を要請して、翌日ヘリコプターで救助された。結果的にいえば、携帯電話が通じ、ヘリにもすぐ発見されたのだから、「とどまらずに移動する」という判断は正解だった。

だが、移動中に一度だけ足場が崩れ、再度滑落しそうになっている。もしそこで滑落していたら、判断は間違っていたということになる。

重大な場面での判断は結果オーライ的なところもあるので、判断の善し悪しを一概に評することはできない。ましてこのケースでは、登山届を出さず、単独行で滑落して重傷を負いながら、翌日には救助されている。それを考えると、判断が正しかったというよりも、運がよかったといったほうが適切かもしれない。

もうひとつの両神山での事例は、これとは正反対の経過となった。遭難者は「奥秩父の両神山に行ってくる」と母親に告げて自宅を出発、両神山に登って下山する途中で滑落し、左足を開放骨折するという重傷を負ってしまう。帰宅予定時間になっても帰らない息子を心配した母親は警察に連絡を入れたが、行き先を失念。遭難者も、それまでの山行では登山口で登山届を出していたのだが、このときに限って登山口にあったポストを見落とし、登山届を提出せずに入山してしまった。これにより、登った山とコースを特定するのに時間がかかり、遭難者は十四日間という長い時間、山中でのサバイバルを強いられる。

このように、具体的な行き先・コースを家族に告げず、登山届も出さないまま単独で入山し、行方不明になってしまうというケースが近年は目立っているそうだ。なにしろどの山に行ったのかわからないのだから、警察としても捜しようがないわけである。当然、捜索は難航し、ようやく発見されたときはすでに亡くなっていることが多い。それでも見つかっただけマシで、何年経っても発見されない事案は少なくないという。これは単独行ならではの遭難形態だといっていい。パーティを組んだ登山ではまずありえないだろう（パーティが分裂した結果、メンバーが行方不明になってしまうことはありえる）。

両神山での遭難者にとって不幸中の幸いだったのは、規模を縮小しながらでも警察の救助隊が捜し続けてくれたことだ。通常、数日間捜索してなんの手がかりも得られなければ、捜索は打ち切られてしまう。そのへんの判断は個々の事例や管轄署によって異なるようだが、もし捜索が打ち切られていたら、遭難者は助かっていなかったはずである。

だが、それ以前に登山計画書を家族もしくは登山ポストに提出していたら、事故発生後、数日のうちに救助されていたに違いない。転落による骨折はまぬがれなかったにしろ、少なくとも十四日間も苦しむことはなかっただろう。

登山届と下山予定日

一方、違った意味で登山計画書の意味を考えさせられたのが尾瀬のケースだ。遭難者はケガもなくぴんぴんしており、また「遭難した」という認識もないので、「これを遭難といっていいのか。単なる下山遅れではないか」という見方には一理ある。が、所属山岳会を通して警察に捜索依頼が出され、実際に救助隊が出動している以上、遭難事故として扱われるのは仕方のないところだ。

この件は、遭難者が「登山計画書を出さなきゃよかった」と言っているように、もし出していなければ、下山が遅れたことを知っているのは当人のみで、周囲を巻き込んだ騒ぎにはなっていなかった。ただ、それは何時もなかったから言える話である。本人はラッセル訓練を目的に入山しており、「想定されるリスクは時間さえかければ解決できる」と考えていたが、山に〝絶対〟はない。また、周囲の人たちもそれをわかっているから、どうしても大事をとってしまい、警察に捜索を要請したのだろう。

そもそも登山計画書というのは、事故が起きたときに初めて意味を持ってくるものであり、登山がトラブルなく遂行されたときには無用の紙切れと化す。だから山の人気エリアを管轄する警察署では、提出された登山届をいちいちチェックしないそうだ。それでなくても警察官は、山岳遭難関係外の仕事も抱えているから日常的に忙しい。すべての登山届をチェックしていたら、いくら時間があっても足りなくなる。

にもかかわらず、登山者に登山届の提出を義務づけようとしているのは、万一の遭難事故を想定してのことだ。事故発生後、すぐに遭難者の情報が得られれば、そのぶん救助活動も迅速に進められる。要するに、役に立つかどうかはわからないが、万一のことを考えて情報を提供してもらっているのが「登山届」というものなのだ。

ところが、その登山届は個人情報の塊みたいなものなので、提出することに抵抗を覚える人も少なくない。ただ単に提出するのが面倒くさいという人も多いだろうが、むやみに個人情報を開示したくないという心理が登山届の提出率が上がらない一因になっているようにも思う。

だが、やはり登山届は提出するべきだ。誰も山で遭難したくて遭難しているわけではない。アクシデントは決して人ごとではなく、突如として自分の身に降りかかってくる。そのときに登山届の有無が生死を分けるとしたら、それでもあなたは提出しないほうを選ぶのだろうか。

警察に個人情報を渡すことに抵抗があるのなら、せめて計画表を家族や知人に残していってほしい。下山予定日までに帰らないときに、それを警察に提出してもらうわけである。そうすれば、不必要な個人情報をむやみに提供しないですむ。

とくに同行者がいない単独行の場合は、いわば登山届が同行者の役割を果たしているといってもよく、万一のときには唯一の手がかりとなるものである。最近はインターネットや携帯電話のメール機能で登山届を提出できるエリアもある。必要最低限のことを記した登山届を提出しておけば、少なくとも山中で人知れず朽ち果てることもないだろう。

下山遅れによる騒動を防ぐには、計画をよく吟味して適切な下山予定日を設定しておく必要がある。私が山に行くときは、「何日の何時までにもどらなければ警察に届け出るように」といったぐあいに、タイムリミットを決めて知人に伝えるようにしている。リミットは、「もしもアクシデントに遭遇しても、遅くともこれくらいまでには連絡がつけられるはず」という日時を設定する。

それでも尾瀬のケースのように、想定外のトラブルに見舞われて予定日までに下山できなくなることもあるかもしれない。そのときはもう「仕方ない」と開き直るしかない。いくらがんばったところで、しょせん自然には太刀打ちできない。騒ぎだけですむのだったら御の字だ、ぐらいに考えよう。

単独行の通信手段

このケースではもうひとつ、山での通信手段についても考えさせられた。遭難者はふだんから携帯電話を持っておらず、単独で山に入れば、当然その間は音信不通になる。

「今は携帯電話があるので、連絡がつくのが当たり前という前提になっています。でも、以前は山では連絡がつかないのが当たり前でしたよね」

そう彼女は言った。今も昔も、彼女にとって山というのは連絡がつかない世界なのだ。

話は変わるが、二〇一二年一月十四日、山と溪谷社のヤマケイ文庫の創刊一周年を記念したトークイベントが、東京・有楽町朝日ホールで開催された。そこでノンフィクション作家の角幡唯介と対談した登山家の山野井泰史は、山での通信手段について次のように述べている。

〈無線機を持つのは、本当の意味での単独登山とはいわないような気がします。国内で登山をするときも、僕は携帯電話を持っていきません。というか、普段から持っていないのですが（笑）。危険は危険、恐怖は恐怖として受け入れたほうが、本来の山登りを楽しめると思うので、できれば持ちたくないのです。その代わり、どんな状況になっても自力で下りてくるという覚悟は持っています〉（『山と溪谷』二〇一二年三月号より）

あくまで想像だが、たぶん彼女も同じような考えなのだろう。

リスクマネジメントの点からすれば、ひとりで山に登るときには、なんらかの通信ツールを携行すべきである。昔ならアマチュア無線、今だったら携帯電話だ。

もっとも、携帯電話を持ったからといって、常に通信手段が確保できているというわけではない。山岳地では電波の届かない圏外のところも多く、救助を要請したくてもできないことは往々にしてありうる。それでも微妙に位置がずれただけで電波が通じることもある。今日の救助要請の約六十パーセントは、携帯電話によるものだ。携帯電話が通じたおかげで命が助かった例は数え切れないほどある。

ごく一般的なレベルでの単独行を楽しむのであれば、必携装備のひとつとして、通信ツールは外せない。

ただし、尾瀬の事例の遭難者や山野井のように、あえて〝持たない〟選択肢もありだと思う。山野井が述べたような、思想や覚悟があれば、の話だが。それはそれで、その人の単独行のスタイルなのだから、とやかく言うべきことではない。

最も多い道迷い

さて、国内で発生する山岳遭難の事故要因のなかで、最も多いのが道迷いである。その典型は、「おかしいな」と感じながらも引き返せず、間違った道をどんどん進んでいってしまい、「しまった」と思ったときには完全に道に迷っていたというパターンだ。

パーティを組んでいても道迷いはよく起きるが、より深みにはまっていってしまうのは、単独行のほうが多いようだ。仲間がいるといろいろ相談したり指摘し合ったりできるので、道を間違えてもリカバーしやすいのかもしれない。

ところが単独行だとそうはいかない。ひとりだと、間違えたことを認めたくないという心理が働き、引き返す踏ん切りがなかなかつけられないのだと思う。

本書で取り上げた羅臼岳でのケースでも、遭難者はほぼ典型的な道迷い遭難のパターンを踏襲している。このときに道迷いの直接的な原因となったのが、雪渓とガスである。ガスがかかった雪渓上でガスに巻かれると、ただでさえ視界が悪いうえ、白一色となって地形の判別がつきにくくなり、方向を間違えやすい。そのなかを、遭難者は「この方向でいいだろうか」と疑問に思いながらも下っていき、案の定、ルートを外れていってしまう。

ただ、そこに至るまでの伏線を見逃すわけにはいくまい。遭難者は羅臼岳への登りでも道を間違え、引き返すときに雪渓上で何度か滑落をし、大幅に時間をロスしてしまった。そこで頂上に立ち寄らずに下山することにするが、稜線に出ると「頂上を踏みたい」という気持ちを抑えられなくなり、結局、頂上を往復してしまう。これにより、ますます時間的な余裕がなくなり、しかもガスで見通しもきかなくなってしまった。

この時点で、遭難者にはかなりあせりがあったものと思われる。最初の道迷い、滑落、時間のロス、ガスによる視界の悪さなどが精神的なプレッシャーとなっていたであろうことは想像に難くない。それを自覚し、気持ちを落ち着けて地図とコンパスでルートを確認していたなら、結果はまた違ったものになっていたかもしれない。

道に迷ったことをはっきり自覚した彼は、地図で現在地のアタリをつけ、沢を下っていく決断をする。そこにビバークして翌日、正しいルートに登り返すという選択肢もあったと思うが、最終的に自力下山できたのだから、これも結果オーライということになろう。

ただ、沢を下っていく途中でザックを失ってしまったのは、余計なミスだった。本人は「ちょっとそこまで偵察に」というつもりだったというが、日暮れが迫るなかでザックを置いていくべきではなかった。やはり気が動転していたのだろう。もっとも、話を聞くと「なんでそんな軽率なことを」と思いがちだが、案外、誰もが無意識的に犯しやすいミスのような気もする。休憩時にザックを下ろすときでさえ、気は抜かないほうがいい。

道に迷った不安から、遭難者は所属している山岳会と地元の警察に携帯電話で指示を仰いだが、本人にそのつもりはなくても、「要救助」と解釈されるのは仕方がない。警察や会のリーダーらが万一のことを考えて大事をとるのは当然である。連絡を入れる側も、そのことをちゃんと認識していないと、うまく意思の疎通が図れず、相手に余計な手間隙をかけさせてしまうことになる。

結果的に自力下山を果たし、何事もなく済んだのは幸いだったが、この事例からはいろいろな教訓が得られるはずだ。

もうひとつの唐松尾山での道迷いは、「自分は今、唐松尾山の南側を下っているんだ」という強い思い込みによって引き起こされた。ところが実際に遭難者が下っていたのは、正反対の北側斜面だった。

なぜそんな思い込みをしてしまったのかというと、過去に二回、同じ山に登ったことがあったからだ。なまじ経験があることが、過信につながったわけである。

遭難者は、コンパスや高度計の付いた多機能リストウォッチ、単体のコンパス、それに地図を所持していた。にもかかわらず、初期段階ではそれらをまったく活用していない。もし「地図とコンパスで現在地を確認しながら行動する」という山登りの基本を守っていれば、おそらく山頂からの下りで方向を間違えることはなかったはずだ。

正反対の斜面を下っていくときも、何度か「へんだな」と思ったというが、「こっちでいいはずだ」という強い思い込みがそれを打ち消した。そのときに地図とコンパスを見ていたら、四日間も山中を彷徨うハメには陥っていなかっただろう。

彼が初めて地図とコンパスを取り出したのは、遭難して二日目のこと。そこでようやく反対側の斜面を下ってきてしまったことに気づく。いかんせん、地図とコンパスを見るのがあまりにも遅すぎた。

ただ、方向を間違っていたことに気づいてからは幾分冷静さを取りもどしたようで、下りてきた沢を引き返していって正しいコースに出ようとした。そのまま沢を下っていっても山麓にたどり着ける場所ではなかったことも幸いしたのかもしれないが、この判断は正解だった。もしそのまま沢下りを強行していたら、もっと厳しい状況に追い込まれていたに違いない。

道に迷ったら沢を下っていってはならない。来た道を引き返せ——その原則を守ったがゆえの生還だったといえよう。

命にもかかわる熱中症

白山の事例については、個人的に大いに共感できる部分がある。というのも、私も登山中に熱中症にかかってしまった経験があるからだ。

それは二〇〇五年五月、友人と二人で一泊二日の行程で西表《いりおもて》島を縦断したときのことである。入山初日、歩きはじめてしばらくしたときに、私は体調の異変を感じはじめた。いつになく大量の発汗があり、体がだるく、後頭部も痛み出してきたのだ。それでも「多少疲れているだけだろう」と軽く考え、そのまま歩き続けていた。

ところが、初夏を思わせるような陽気のもと、亜熱帯のジャングルのなかでアップダウンを繰り返しているうちに体力を消耗し、だんだん息切れがひどくなってきた。歩く時間よりも立ち止まって休む時間のほうがしだいに長くなり、しまいには数歩歩いては立ち止まって荒い息をつくということを繰り返すようになってしまった。

足を前に出さなければと思うのだが、その一歩がなかなか出ない。そうしているうちに、今度はふくらはぎや太もも、脇腹、腕、手のひらなどの筋肉がつりはじめた。

その痛みときたら、かつて経験したことがないぐらいで、私は声も出せずにただ全身を硬直させるのみ。脂汗を流しながらなんとか痛みをやり過ごし、ようやく足が動かせるようになったので立とうとすると、また同じところがつってしまうのである。

その場に座り込んでしばらく休んでいると、筋肉の痙攣は収まってきた。やれやれと思って体を起こそうとしたら、今度は右足の太ももがつってしまった。その後、症状はますますひどくなり、右足の太ももに続いて左足のふくらはぎがつり、その激痛から少しでも逃れようとして体を動かしたら右足のふくらはぎ、さらには左足の太もも、両脇腹、両腕などの筋肉が次々につり出して全身硬直状態。収まったと思っても、ちょっと体を動かすだけで、またすぐにピキッとつってしまうのである。その激痛に声も出ず、それはそれは地獄の苦しみだった。

幸い、私の場合は単独行ではなかった。その場から五分ほど行ったところにビバークの適地があることを友人が見つけてきて、荷物を持ってもらってどうにかそこにたどり着いた。その日はそこで幕営して体を休め、翌日、なんとか自力で下山した。もしこれがひとりだったら、どうなっていたかわからない。携帯電話は通じないだろうから、帰ってこないことを心配した知人が通報し、救助隊が出動する事態になっていたかもしれない。

のちに医者に尋ねたところ、「それは熱中症だよ」と言われた。全身の筋肉がつったのは、放熱効率を高めるために皮膚への血流が増し、筋肉への血流が低下したためだという。症状があれ以上進行していたら、命にかかわっていた可能性もあったそうだ。

白山でのケースは、気温が高いなかで直射日光を受けながら歩き続けたこと、水分のほか塩分の補給が足りなかったこと、荷物が重かったことなど、さまざまな要因が複合的に重なって引き起こされたものと思われる。表われた症状も、私の場合とほとんど同じだったようだ。そうなったら最後、短い距離を移動するのがやっとであり、長距離・長時間を歩くことなどとてもできやしない。二時間以上休んでいても症状は改善されなかったというし、私のようにサポートしてくれる仲間がいたわけでもない。救助を要請したのはやむをえない判断だったと思う。

近年は山での低体温症の事故が立て続けに起きており、どうしてもそちらのほうに目が行きがちだが、夏山シーズン中には熱中症にも充分注意する必要がある。二〇一一（平成二十三）年の七月には、中央アルプスの空木岳で三十歳の男性が熱中症とみられる症状に陥って命を落としている。その前年には、富士山と北アルプスの唐松岳で熱中症にかかった登山者が救助された。

熱中症の初期症状も、低体温症同様、ただの疲労と間違われやすい。暑いさなかで山に登っているときに疲れを感じたら、いちおう熱中症も疑ってみたほうがいいだろう。熱中症も重度になると命にかかわってくる。決して無理をしてはならない。

■全遭難者数と単独行遭難者数の推移（警察庁の統計より）

年	2002	2003	2004	2005	2006	2007	2008	2009	2010	2011
遭難者総数（人）	1631	1666	1609	1684	1853	1808	1933	2085	2396	2204
単独行の遭難者数（人）	381	416	385	458	497	509	598	667	787	761
死者・行方不明者総数（人）	242	230	267	273	278	259	281	317	294	275
単独行の死者・行方不明者（人）	100	106	130	128	129	125	137	160	170	154

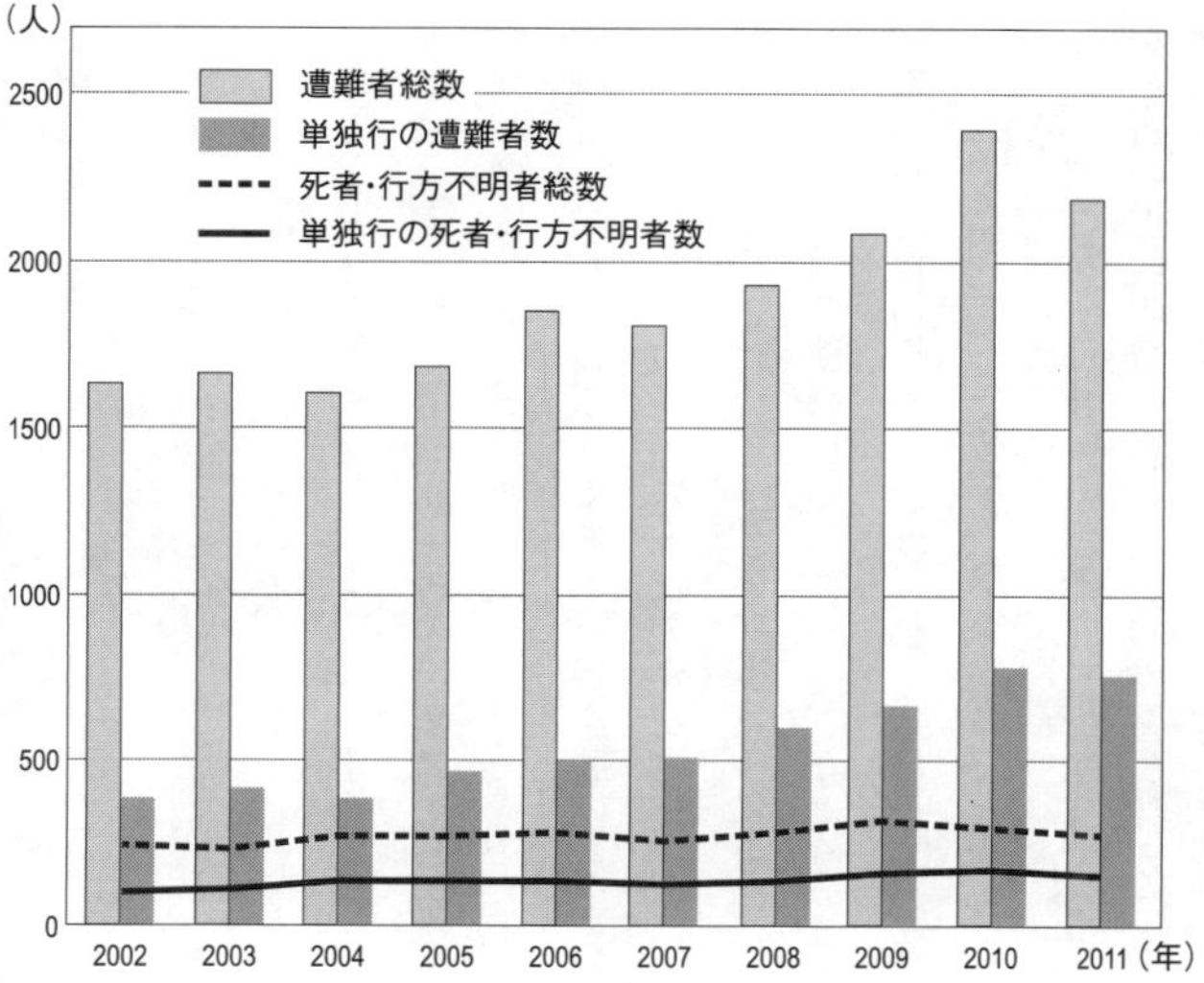

遭難者の行動に学ぶセルフレスキュー

徳本峠の事例は、遭難者の事故報告書を読んで、掲載をお願いしたものだ。「山の本」二〇〇八年春号（白山書房）にも手記が掲載されたので、事故をご存じの方もいることだろう。「今さら……」と渋る遭難者を説得してまでこの事例を紹介したかったのは、事故そのものの教訓というよりも、事故発生後の遭難者の行動がセルフレスキューのひとつの手本になると感じたからだ。

とにかく感心させられたのは、遭難者の冷静沈着ぶりである。足を脱臼して行動不能となってしまった彼は、助かるにはどうするのがベストなのかを考え、そのための手順をひとつひとつ丁寧に処理していく。これはなかなかできることではない。もし同じような状況になったとしたら、気が動転してしまって、なにひとつ上手くできないというのがふつうなのではないだろうかと思う（私も自信はない）。

なぜ遭難者は冷静でいられたのか。話を聞いたなかで「なるほど」と思ったのは、「私は昔の山ヤなんです」という言葉だった。「昔の山ヤ」といっても今の若い人にはぴんとこないかもしれないが、古い世代の登山者（といったら失礼か）というのは、縦走はもとより沢登りから岩登り、冬山まで、オールラウンドに活動するのが当たり前だった。彼もまた山岳会に所属し、そのように育てられてきたという。山中で泊まるときはいつもツエルトであり、予期せぬビバークだって何度も経験した。技術や知識は山岳会の先輩から後輩へと受け継がれ、豊富な経験を積み、自立した登山者として主体的に登山を楽しんできた。そうしたバックボーンがあったからこそ、重傷を負ってもなお落ち着いていられたのだろう。

現代の登山者に「昔の山ヤを見習え」などと野暮なことを言うつもりはない。言ったところで「うるさい説教じじいだ」と思われるのがおちだ。それに今は今流のやり方がある。

ただ、徳本峠で滑落して行動不能になった男性が、なにを考え、どう行動したかを知っておくことは、決して無駄にはならない。自分が同じような目に遭ったとき、それはきっと役に立つはずだ。ケーススタディとは、そういうものだと思う。

統計から見た単独行遭難

警察庁の統計によると、二〇〇二（平成十四）年度の遭難者数は千六百三十一人で、死者・行方不明者は二百四十二人。このうち単独行での遭難者は三百八十一人、死者・行方不明者は百人となっている。その十年後の二〇一一（平成二十三）年、遭難者数は約一・四倍の二千二百四人、死者・行方不明者は約一・一倍の二百七十五人、うち単独行の遭難者は約二倍に増えた七百六十一人、単独行の死者・行方不明者は約一・五倍の百五十四人である。

この数字からは、二〇一一年の遭難者の三人にひとり（約三四パーセント）が、死者・行方不明者に限るとその半数以上（約五六パーセント）が単独行者であるという現実が浮かび上がってくる。さらに単独行遭難における死亡・行方不明率は約二十パーセント。これは、二人以上のパーティの事故の死亡・行方不明率（約八パーセント）の二倍以上という高い割合である。ただし、統計には登山以外の山菜・キノコ採りや渓流釣りなどで起きた事故も含まれているので、必ずしも単独行登山者の実態を正確に表わしているものではない。とはいえ、少なくとも山岳地で起きている遭難事故のなかで単独行者の事故が高い割合を占めていること、死亡もしくは行方不明という最悪の結果を招く遭難事故の多くは単独行者によるものだということは間違いないだろう。

こうしたことから、警察や消防など山岳救助活動に携わる関係者は、昔から「単独登山はやめましょう」と口を酸っぱくして言い続けている。登山者および単独行者の総数を示すデータがないので、パーティを組んだ登山よりも単独行のほうが遭難する確率がほんとうに高いのかどうかはわからない。しかし、遭難救助のプロフェッショナルがずっと言い続けているのだから、たぶん単独行のほうがよりリスキーだというのはほんとうなのだろう（単独行者の捜索や救助活動が、パーティ登山者のそれに比べるとより困難であるという側面もあるように思う）。ある救助関係者は、こんなことをぽろりと漏らしていた。

「見知らぬ人の寄せ集めのツアー登山だろうが、パーティとは名ばかりのばらばらな集団であろうが、ひとりで登ってもらうよりはよっぽどマシ。とにかく単独行はやめてほしい」

この言葉は偽りのない本音だと思う。

単独行が危険だと言われるいちばんの根拠は、なにかアクシデントが起きたときに、ひとりで対処するには限界があることだ。たとえば本書でも取り上げた転滑落事故を考えてみればわかりやすい。何人かのパーティを組んで登山をしているときに、パーティの全員が転滑落して行動不能になることは、皆無ではないがほとんどないと言っていい。たいていの場合はひとり、多くても二人といったところだろう。

そうなったときに、ほかに仲間がいれば、携帯で一一〇番するなり最寄りの山小屋に駆け込むなりして、救助を要請することができる。訓練されたパーティならば、セルフレスキューによって自力救助も可能かもしれない。

ところが、単独行となるとそういうわけにはいかない。たまたま携帯電話が通じたり、ほかの登山者が現場を通りかかったりすれば話は別だが、それがかなわなければ自分ひとりの力で危機を脱しなければならなくなる。運よく軽傷ですみ、自力で行動できるのであれば、痛みをこらえながら歩き続け、なんとか下山するか山小屋にたどり着くことも可能だろう。だが、大ケガをしてまったくの行動不能に陥ってしまったらどうするのか。しかもそこが携帯電話の圏外で、救助要請もできないとしたら……。

そうなったときに単独行者にできるのは、ただひたすら救助を待ち続けることだけだ。それがいつになるのか。それまで耐えられるのか。まして登山届を提出しておらず、家族にも登る山やコースを伝えていなければ、捜し出してもらうまでに長い時間がかかってしまうのである。その結果、生死は別にして捜し出してもらえればまだいい。発見されないまま、長い年月が経ってしまうというケースは決して少なくないのだ。山岳救助隊などのウェブサイトを見ていると、情報提供を呼びかけられている、そんな行方不明の単独行者が何人もいることがわかる。

これまで取材してきた何人もの救助隊員からは、幾度となくこんな言葉も聞いた。

「ひとりではなく、誰か仲間といっしょに登っていたら、命を落とすこともなかっただろうに」

単独行登山には、こうしたリスクが常についてまわっている。それを考えると、警察や消防の救助関係者がことあるごとに「単独行はやめましょう」と言わざるを得ないのは仕方のないことだと思う。

単独行者の〝自由と責任〟

だが、それでも単独行者はいっこうに減る気配がない。前述したとおりデータがないので増えているのか減っているのかわからないが、実際に山を歩いていると、実にたくさんの単独行者を見かけ、またすれ違う。近年の山ガールブームの影響なのだろう、大きなザックを背負ってひとりで山を歩いている若い女性に出くわすことも珍しくない。かくいう私も、たまにはひとりで山に登ったりもする。「とにかく単独行はやめてほしい」と言っていた前出の救助関係者でさえ、プライベートで山に行くときは「ひとりで登ることがないわけではないが……」と言っていた。

ずっと昔から「単独行はやめましょう」と呼びかけられているにも関わらず、今も多くの人が単独で山に登り続けているのは、人を惹きつけてやまない魅力があるからにほかならない。その魅力とは、本書に登場していただいた方々も指摘しているように、なんといっても「気楽だ」ということに尽きよう。

ひとりならば、ほかの人のペースを気にする必要がない。自分よりペースが早い人に対して「申し訳ないな」と気兼ねしたり、遅い人に対してイライラしなくてすむというのは、精神衛生上とてもいいことである。休憩をとる場所やタイミングにしても自分の思うがままだし、何分休んでいたって「もうそろそろ行こうよ」などと急かされることもない。美しいお花畑でいくら高山植物に見とれていようと、気持ちのいい山頂でしばし昼寝をしようと、写真を撮影するために条件がよくなるのを根気強く待っていようと、誰にも文句は言われない。下山後に行きたい場所に寄り道するのだって自由だ。

ただでさえ我々は、ふだんの生活のなかで人間関係のしがらみに縛られている。常に人の目を気にし、気を遣い、また他者の言動にいちいち感情を動かされる。たとえどんなに親しい間柄であっても、空気と同じ存在には絶対になりえない。だったらせめて山に行くときぐらい、他者の存在に煩わされることなく、自由気ままに、自分の気持ちに忠実になって楽しみたいと思うのは、ごく自然な感情だろう。

もちろん、そうじゃないと言う人だっているかもしれない。たとえば自然とより深く関わるため、自分を見つめ直すため、あるいは自己鍛錬のため……。単独行の理由は十人十色だ。だが、目的がなんであれ、絶対条件となるのはひとりであること。他者との関係を断ち切って初めて、その目的は達成できるのである。

かくして人はひとりで山に向かう。そのときに、前に述べたような、ひとりで山に行くことに伴うリスクが生じてくる。問題なのは、ひとりひとりの単独行者がそれをどれだけ認識しているか、ということだ。

よりリスキーな状況が想定されるのだから、「だったら充分気をつけなきゃな」と思うのがふつうだろう。常識的に考えるのなら、現場でリスクに遭遇することを避けるために、事前にできるだけの対応を講じておこうとするはずだ。そのひとつが登山計画書の作成であり、登山届の提出である。無理のない、しっかりした登山計画書をつくることは、歩こうとしているコースを把握し、予期せぬアクシデントが起きた際のシミュレーションを考えるうえで必要不可欠な作業だ。万一、遭難してしまったときには、再三述べているように登山届の有無が生死の分かれ道になることもある。

また、単独行ではその場その場での状況判断を自分で行なうことになり、その結果はすべて自分自身に跳ねかえってくる。とくに重大な場面での判断ミスは命取りになってしまうので、今、自分が置かれている状況を客観的かつ正確に把握しなければならない。そのためには、気象や読図などの知識が必要になってくる。

体力的・技術的な裏付けは言うまでもない。疲労困憊してしまっても誰も荷物を持ってくれないし、難所の通過をフォローしてくれるリーダーがいるわけでもない。ケガをしてしまったときにも、自分ひとりのセルフレスキューで対処することになる。そこでふだんからトレーニングを積んで体力をつけ、講習会などに参加して技術を学び、その山に登るために必要な装備を買いそろえておく。

ひとりで山に登ろうとするなら、これぐらいのリスクマネジメントはやって当然だろう（パーティの形態を問わず、ほんとうは登山者ひとりひとりがそうあるべきだと思う。それが〝自立した登山者〟というものだ）。そしてもし、こうしたことをしっかりやっているのであれば、これほどまでに単独行の遭難事故は多くないはずである。

しかし、現実には単独行の遭難が多発してしまっている。それはおそらく、単独行のリスクを認識することなく、つまりやるべきリスクマネジメントを行なわないまま、ただ「気軽だから」「自由だから」「カッコよさそうだから」といった理由で、ひとりで山に入っていってしまう人が少なくないからではないだろうか。

ひとりで山を歩くことの開放感、気ままさ、自由さは、なにものにも代え難い。いくら「単独行はやめましょう」と言われても、みすみすそれに従う気はないという人がほとんどだと思う。だが、単独行がもたらしてくれる喜びを得るには、我々もそれ相応の対価を支払う必要がある。それがタダで手に入ると思ったら大間違いだ。まして相手は、気まぐれな自然である。いくら用意周到にしても、しすぎるということはない。

おそらくは、単独行者自身の安易な単独行が、今の「単独行は危険だ」というイメージをつくり上げたのだと思う。これからはそのネガティブなイメージを払拭していかなければならない。それができるのは、もちろん単独行者だけである。

なお、本書で取り上げた事例の当事者らは、程度の差こそあるものの、事前のリスクマネジメントをそれぞれ行なっており、決して安易な単独行でなかったことは間違いない。だが、どこかにミスがあり、落とし穴があった。

本書で検証してきたそれらのことを、読者の単独行のリスクマネジメントに役立ててもらえれば幸いである。

文庫化にあたっての追記

山での行方不明事故。そのとき残された家族が直面する問題は

奥多摩に消えた高齢登山者

東京在住の福山正孝氏（仮名・七十五歳男性）は、早朝に家を出たまま、帰宅予定時間を過ぎても帰ってこなかった。二〇一二年十月五日のことである。

いっしょに暮らす妻には行き先を告げていなかった。数日前から「奥多摩へ行きたい」というようなことはちらっと漏らしていたが、いつ行くか、奥多摩のどの山へ行くかははっきり言っていなかった。この日の朝早く起床し、天気がいいのを見てさっと出て行ったようだった。

妻は夜の九時過ぎまで待ったがもどらず、報せを受けて近くに住む娘夫婦が駆けつけてきた。正孝氏のパソコンを開いてみると、ファイルの中から登山計画書が見つかり、奥多摩の棒ノ折山に向かったようだということが判明した。

正孝氏の登山歴は十年ほど。還暦を過ぎて仕事を引退してから平地や山里の

ウォーキングを始め、徐々に東京近郊のハイキングエリアにまで活動の場を広げていった。最初のころは妻と二人で出掛けていたが、健脚で歩くペースの速い正孝氏に妻がついていけず、そのうちひとりで行くようになった。山行の頻度は月に二、三回。装備やウェアは登山用のものではなく、ふだん使っているものをそのまま山に流用していた。

行方不明になるまで家族は知らなかったそうだが、山に行くときは必ずインターネットや本を見て行動計画をワードで作成し、すでに行った山とこれから行こうとしているところを几帳面に管理していたという。ただし、計画書は自分で携行するだけで、家族や警察には提出していなかった。

パソコンのファイルのなかから見つかったこれらの計画書のなかで、更新日付がいちばん新しかったのが、名栗湖入口から白谷沢の白孔雀の滝を経て棒ノ折山に登り、高水山へと縦走して軍畑へ下りるというコースだった。このコース中、歩いていないのは名栗湖入口〜白谷沢〜ゴンジリ峠の区間のみで、それ以外は以前に一度はたどっているコースであることも判明した。

コースの目星をつけた家族はその日のうちに警察に連絡を入れ、翌日から警視庁および埼玉県警の山岳救助隊による捜索が始まった。

飯能駅からのバスの防犯カメラにより、五日の午前八時半ごろ、正孝氏が河又・名栗湖入口バス停で下車したことが確認された。また、同日午後一時ごろ、ほかの登山者が岩茸石〜ゴンジリ峠の間で本人を見かけたという情報も寄せられた。さらに、正孝氏が所持しているａｕの携帯電話の電波が、棒ノ折山の東京都側山麓の清東園キャンプ場近くの電波塔でキャッチされていた。

これらのことから、正孝氏が作成した計画どおりのコースをたどろうとしたことは、ほぼ間違いないものと思われた。

ちなみに正孝氏が行方不明になった翌六日は、私もひとりで清東園キャンプ場方面から棒ノ折山に登り、名栗湖入口へと下山している。その際、登山口への車道をたどっている途中、清東橋バス停まで来たところで、中年の男性に声を掛けられた。話を聞くと、彼の父親が前日、棒ノ折山に登って行方不明になっているとのことだった。

「携帯の電波は東京側から拾えるので、山頂に登ったあと、奥多摩側で道に迷ってしまったようです。もし登山中になにか手掛かりらしきものを見つけたら、すみませんが警察に連絡を入れてもらえますか」
と彼は言った。後日、その男性が正孝氏の長男・圭介氏であることを知った。神奈川に住む彼は家族からの連絡で父親の行方不明を知り、ただちに現地入りして登山口付近で待機し、通りかかる登山者に声を掛けて情報提供をお願いしていたのだった。

警視庁と埼玉県警の山岳救助隊による捜索は、一週間に渡って続けられた。山で行方不明になった登山者の捜索は、通常三、四日で打ち切られるので、一週間も続けられたのは異例といっていい。これは、携帯電話の電波がキャッチされていたこと（電波は二日後にはキャッチできなくなった。バッテリーが切れたのだろう）と、目撃情報があったことによるという。しかし、手掛かりはなにも得られず、一週間を以って捜索は打ち切られた。

その後は、正孝氏の家族の依頼を受けた東京都山岳連盟の遭難救助隊が捜索を引き継いだ。同隊は正孝氏が計画していたコース周辺をくまなく捜索して歩いたが、なにも手掛かりは得られず、二〇一五年八月末日現在、発見には至っていない。

認められない「特別失踪」

親が、子供が、あるいは兄弟が、ある人忽然と姿を消してしまったとき、残された家族の心痛は、察するに余りある。だが、その苦悩に追い討ちをかけるかのように、さまざまな現実的な問題が残された者に降りかかってくる。正孝氏の家族の場合も、予想だにしなかった問題にぶち当たった。長男の圭介氏がこう言う（以下、コメントはすべて圭介氏）。

「どこへ行ってしまったのか、皆目見当もつきませんが、何ヶ月経っても見つからないとなれば、家族としてはどこかで区切りをつけなければなりません。だけど問題がたくさんあって、なかなかその区切りがつけられないんです」

なかでもいちばんネックとなったのが、死亡届の問題である。人が亡くなったとき、通常であれば親族が死亡診断書を添えて死亡届を市区町村役場へ提出し、除籍の手続きを行なうことになる。これによって死亡が法的に認められるわけだが、正孝氏の場合は死亡診断書が作成できないため、除籍の手続きが行なえない。

それを認めてもらうようにするために、遭難から一年が経過したのを機に、圭介氏らは家庭裁判所に失踪宣告の申し立てをした。失踪宣告というのは、生死が不明な者に対して、法律上死亡したものとみなすことができる制度で、普通失踪と特別失踪（危難失踪）の二つがある。普通失踪というのは、特別失踪に該当しない要因による通常の失踪で、生死が七年間明らかでないことが要件となる。一方、震災や船舶の沈没、戦争など、特別な危難を要因とするのが特別失踪。こちらは、生死が明らかでない期間を一年間と規定している。

山で行方不明になった者の家族にとって、七年間はあまりに長すぎるため、圭介氏らは特別失踪の申し立て手続きをとった。ところが、正孝氏を死亡したものとみなすことは難しいのだという。というのも、正孝氏がほんとうに山に行ったのかどうかが証明できないからだ。

前述したとおり、河又・名栗湖入口バス停で降りた正孝氏の姿はバスの防犯カメラに写っており、それが本人であることは娘夫婦が警察署で確認している。だが、山麓のバス停で降りてはいるが、実際に入山したかどうかはわからない。

正孝氏を山中で見かけたという登山者にも娘夫婦が会いにいき、写真を見せて本人に間違いないことを確かめた。その登山者は名栗湖の湖畔にある温泉の従業員で、正孝氏がザックではなくショルダーバックを所持していたことから、強く印象に残っていたのだった。しかし、目撃情報は証拠にはならないのだという。山中でひとつでも遺留品が見つかれば話は違ってくるとのことだが、残念ながら遺留品はまったく見つかっていない。現地に二回足を運んで検分を行なった裁判所の調査官は、圭介氏に「あのコースは迷いようがない」と伝えたそうだ。

「何人かの弁護士や裁判所に相談してみましたが、どうしても判例ありきの話になってしまうんです。この件自体がレアケースですし、山岳遭難で特別失踪が認められた判例は非常に少ないそうです。自分でも法的な手続きを試みましたが、『認められる可能性は低いので、取り下げてもらえませんか』という話になり、仕方なくいったん手を引きました」

特別失踪の申し立てから取り下げ勧告が出るまでに、要した時間は、約一年間だった。

適用されない社会保障制度と下りない保険金

父親を失った喪失感を乗り越えて、家族が死亡を認めてもらいたいと思うのは、

「気持ちに区切りをつけたい」という理由のほかに、金銭的な問題が絡んでくるからでもある。

正孝氏には年金が支払われており、毎年一回、日本年金機構から送られてくるハガキに本人がサインをすることで支払いが継続されていた。しかし、それができなくなったため、年金の支払い停止の手続きをすべきかどうか、圭介氏は社会保険事務所に相談しにいった。

周囲の人たちのなかでは、「止めないほうがいい」という意見が多かったという。止めたあとに正孝氏が見つかって年金の受給を再開しても、止めていた期間の分はもらえないので、今止めると損をしてしまうというのが、その言い分だった。一方で、止めないままでいると、最終的に死亡が判明したときに、遭難時まで遡って返金を求められるから、止めたほうがいいという人もいた。

「行方不明になった父親が死んだとするか、どこかできっと生きていると考えるかは、人によって異なります。死んだと考えていながら年金をもらい続けると不正受給になるのか。生きていると考えるならば止める必要はないのではないか。そもそも生死に関係なく所在不明なら止めるべきなのか。正直、かなり迷いました」

相談を持ちかけた社会保険事務所の担当者からは、レアケースのためか有用なアドバイスは得られなかった。正孝氏の年金は妻との生活費に充てられており、手をつけず取っておいてあとで返却するということは現実的に不可能なので、結局は支払いをストップしてもらうことにした。ただしその手続きは、裁判所から特別失踪の申し立ての結論が出てから行なうことにしたため、実際に支払いが止まったのは二〇一四年十一月からとなった。「受給していた年金を遭難月まで遡って返金せよ」との催促は今のところないが、今後催促されるのか、免除になるのかはわからないという。

正孝氏の年金支払い停止により、世帯の収入は一ヶ月約五万円の妻の国民年金のみになってしまった。それではとても暮らしていけないので、今は貯金を切り崩しながらどうにかやり繰りしている。

「父親には年金基金も給付されていましたが、それもいっしょに止まってしまいました。死亡が認められれば、遺族年金に切り替えられるのですが……。これが非常に辛いですね」

なお、七年経って普通失踪が確定すれば遺族年金は支払われるようになるだろうが、七年間は空白の期間となり、その間の遺族年金については、裁判所調査官、市役所、社会保険事務所でそれぞれ言っていることがバラバラで、実際に支払われるかどうかはわからない。普通失踪では七年間の期間が満了した日を死亡日とみなすため（特別失踪の場合は一年間の期間満了時点ではなく、危難の去った日を死亡日とみなす）、あるいは支払われないことになるかもしれない。

また、正孝氏は二つの終身保険に加入しており、事故死の場合には合計千～千五百万円程度の保険金が支払われることになっている。それが出れば母親の生活費に回すことができるのだが、行方不明では保険金も支払われないという。

そのほか八十歳満期の積立型保険にも二、三加入しているが、こちらは八十歳を超えて死亡すると、もらえる金額は八十歳未満で死亡したときの十分の一程度になってしまう。正孝氏は七十五歳で行方不明となったので、七年経って普通失踪が認められたときには八十歳を超えており、もらえる額が激減してしまうというわけだ。

それでも保険金が支払われればまだいいほうかもしれないが、必ずしも支払われるという保証はない。行方不明のままならもちろん、たとえ遺骨が見つかったとしても、なにが死因なのかは特定できず、場合によっては補償外と判断されてしまう可能性もあるからだ。圭介氏はその点を保険会社に確認してみたが、明確な回答はもらえなかったという。

保険金が確実に下りないのであれば、諦めて解約するしかない。しかし、支払われる可能性もあるので、無駄金になってしまうかもという懸念を抱きつつ、今も毎月の掛け金は払い続けている。それほど大きな金額ではないが、生活費が厳しいなかでやり繰りしなければならず、家族の負担は少なくない。

「とにかく金銭的に困ってしまうことがいろいろ出てきています。社会保険事務所や市役所に相談しても、あまり例のないケースなので、誰も明確に答えてくれません。特別失踪が認められれば、お金の話にはカタがつけられるのですが、それができずに先送りになっているのがいちばん歯痒いです」

正孝氏は次男なので墓も新たにつくらなければならないのだが、都立霊園は遺骨がないと申し込みができず、これも宙に浮いたままとなっている。

なお、前述のとおり、正孝氏への年金の支払いは二〇一四年十一月にストップしたが、その後、市役所から「年金から天引きされる介護保険料や住民税などが引き落とせなかったので、支払ってほしい」という通知が届いた。年金が支払われなくなったのに、そこから天引きされる保険料や税金は払い続けろというのは理解しがたい話なので、圭介氏は一五年二月下旬、市役所に出向いていって異議を訴えた。市役所側は前向きな手続きを約束してくれたが、半年ほどが経過した現時点ではまだ結論は出ていない。

現在は、もろもろの問題を解決するために、「認定死亡」の手続きを進めているところだという。認定死亡とは、「死亡した事実は確認できないが、その可能性が高いことから死亡したものと推定して、戸籍簿に「死亡」と記載する戸籍法上の制度のことである。

認定死亡が認められるには、行政機関が調査を行なってそれなりの証拠をそろえなければならないため、時間はかかるが、もしこれが受理されれば、保険金などが受け取れるようになるそうだ。

奥多摩で正孝氏が発見されるのが先か、認定死亡の手続きが受理されるのが先か、どうなるかはまだわからないが、正孝氏の年齢が八十歳に達する前に、ようやく解決の兆しが見えきた。この事態が少しでもいい方向に進むことを、圭介氏ら家族は願っている。

＊

万一、遭難事故が起きてしまったときに、残された家族がどういう問題に直面して苦労するのかは、見落とされがちな話であり、またほとんど表沙汰にもなっていない。しかし、ここで取り上げたような問題は、登山者なら誰にでも起こりうることである。とりわけ単独で山に登っている人にとっては、切実な問題だといってもいいだろう。

自分が遭難したと仮定し、残された家族のことについて考え、また備えておくことは、登山のリスクマネジメントのひとつとして、これからは必要になってこよう。

（この文章は「山と溪谷」二〇一五年十〜十一月号に「山での行方不明事故。そのとき残された家族が直面する問題は」として掲載されたものです。）

初版あとがき

遭難した当事者にインタビューし、それを整理・検証して文章にしたのは、二〇〇〇年の『生還―山岳遭難からの救出』という本が最初です。以来、『気象遭難』『道迷い遭難』『滑落遭難』を発表し、本書は四冊目のドキュメントシリーズとなります。

遭難事故の検証記事を執筆するようになって、早いものでもう十年以上が経ちました。このようなスタイルを続けてきたのは、どんな遭難事故にも人の心に響くドラマがあり、また、なにかしらの教訓が得られるものと考えているからです。実際に起きた事故について知ることは、同様の事故を起こさないための貴重な戒めとなり、自身のリスクマネジメントにも役立つはずです。

お陰様で最近は、「とても役に立ちました」「もっといろいろな事例を教えてください」といった読者の方の声がぽつぽつと届くようになっています。過去の遭難事例から教訓を得て、それを遭難防止に活かそうという機運も、少しずつ高まってきているような気がします。

山岳遭難事故の検証は、自分のライフワークのひとつであるとともに、もの書きとしての自分の原点でもあります。最近、そのことをつくづく感じます。

もちろん、遭難者が語った事実を脚色することなく文章に換えていく作業はこれからも続けていくつもりです。ただ、『滑落遭難』のあとがきにも書きましたが、遭難事故に関する取材はますます難しいものになっており、当事者の方へのアプローチはほぼ不可能に近い状態です。そこで、もしご自分の遭難体験を取材してもらってもかまわないという方がいましたら、編集部もしくは私のメールアドレス宛(o. haneyan@gmail. com)にご連絡いただけると大変嬉しく思います。ご協力のほど、どうかよろしくお願い申し上げます。

なお、本書では年齢を事故当時のものとし、敬称も省かせていただきました。また、当事者の方の意向により、一部を仮名とさせていただいたこともお断わりしておきます。

最後になりましたが、「遭難事故防止の一助になれば」と快く取材に応じていただいた方々をはじめ、いろいろな形で情報を提供してくださった方々、および山と溪谷社の萩原浩司氏にも心よりお礼を申し上げたいと思います。どうもありがとうございました。

二〇一二年六月二十日

羽根田　治

ドキュメント　単独行遭難

二〇一六年十二月三十日　初版第一刷発行
二〇二三年一月二十五日　初版第六刷発行

著　者　羽根田治
発行人　川崎深雪
発行所　株式会社　山と溪谷社
郵便番号　一〇一―〇〇五一
東京都千代田区神田神保町一丁目一〇五番地
https://www.yamakei.co.jp/

■乱丁・落丁、及び内容に関するお問合せ先
山と溪谷社自動応答サービス　電話〇三―六七四四―一九〇〇
受付時間／十一時～十六時（土日、祝日を除く）
メールもご利用ください。
【乱丁・落丁】service@yamakei.co.jp　【内容】info@yamakei.co.jp
■書店・取次様からのご注文先
山と溪谷社受注センター　電話〇四八―四五八―三四五五
ファクス〇四八―四二一―〇五一三
■書店・取次様からのご注文以外のお問合せ先　eigyo@yamakei.co.jp

フォーマット・デザイン　岡本一宣デザイン事務所
印刷・製本　株式会社暁印刷

定価はカバーに表示してあります

Printed in Japan　ISBN978-4-635-04829-3